沒有曹操 哪有三國

松本一男 著

前言

曹操是三國時代最為人們所熟稔的歷史人物，千百年來，許多小說、戲曲都紛紛給曹操臉上塗白粉，把曹操描繪成奸臣、壞人。其實冤枉得很，這是不符合歷史的事實。作為三國時代一位傑出的政治家、軍事家，也是一位文學家，他結束了漢末軍閥之間的混戰，統一了北方，減少了人民死亡流徒的痛苦；他興辦屯田，恢復和發展農業生產，有利於人民生活和社會的安定；他打擊名門土豪，在一定程度上抑制被併吞的危機，修理了貪官污吏，讓政風也煥然一新！曹操對當時的歷史發展是做出了很了不起的貢獻。

劉昭的《世說新語》中有一則故事，云：「魏武少時，常與袁紹好為遊俠，觀人新婚。因潛入主人園中，夜叫呼云：『有偷兒賊！』青廬中人皆出現。魏武乃入，抽刃劫新婦，與紹還出，失道墜枳棘中，紹不能得動，復大叫云：『偷兒賊在此。』紹遑迫，自擲出，遂與俱免。」

故事中說的魏武，少年時行為不正，劫人新娘，可謂放蕩無度。不過由劫新娘的過程中可以看出，魏武應變能力極強，機智過人。第一次大喊「有偷兒賊」，乃是擾人陣腳，好在亂中下手；第二次大喊「有偷兒賊在此」，乃是激將法，將陷入枳棘中掙脫不出的袁紹，激出了一種潛能，終於逃了出來。

這個魏武就是三國時的魏武帝曹操。他是中國歷史上傑出的政治家、軍事家和文學家。《三國志》的作者陳壽，就曾高度給予評價，說他是——

「非常之人，超世之傑。」

本書由日本著名的漢學學者作家松本一男先生執筆，他以考究論證的手法，以客觀的角度、輕快的文筆，描繪出與眾不同、壯麗波瀾的曹操一生，讀來不僅讓人一新耳目，並且讓人更能公平的看待這位三國最搶眼的人物——曹操！

目錄

序章　曹操是何等人物？

第一章　曹操的生平與幼年時代

Contents

Contents

Contents

Contents

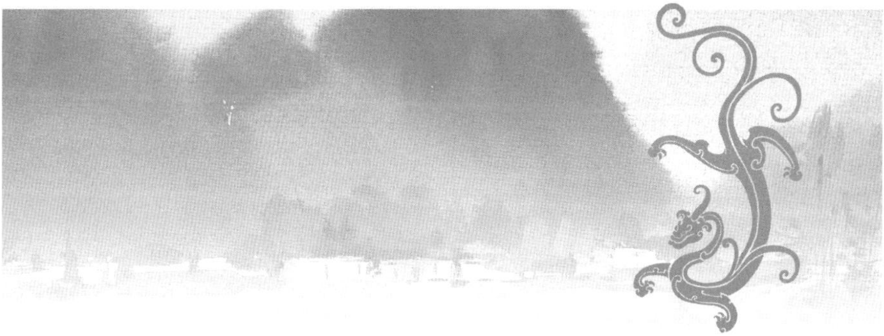

Contents

序章

曹操是何等人物？

人生的評價，不能只憑善惡決定

★叛逆無道的亂世奸雄

現在的社會幾乎每一件事情都能夠憑金錢解決。在報紙上面，每天都有貪污、賄賂、爭權奪利、金權政治、經濟惡化、倒閉、求職困難、失業等的報導；這些事件，幾乎都跟金錢有著某種關係。

如此跟金錢有著深刻關係的社會，是否能夠稱為幸福的世界呢？關於這一點，我們姑且不論。最成為問題的是，在諸如這般的社會裡，善良者並不一定能夠幸福。

在這個世界裡，固然有流汗工作，卻苦於貧乏的善人；相對地，也不乏以不正當的手段斂財，而過著富裕生活的惡人。

筆者絕沒有鼓勵人們為惡，同時，更沒有叫人們小心掩蓋，以防壞事曝光的意思。

筆者所要說的是——

「對於一個人的生涯，不能只憑善惡下定論。」

善與惡也者，乃是相對的東西，根據當事者的立場而有所不同。

《莊子》的〈胠篋篇〉有如下的一句話——

竊鉤者誅，竊國者侯。

鉤也者，乃是固定衣帶的金屬零件。偷竊衣帶的金屬零件者被處死刑，而盜取國家的人反而成為諸侯。

換句話說，小小的偷兒被判死刑，而盜取國土者的巨盜卻成為大爺。

司馬遷認為歷史中記載的事件很現實。像偷竊小物的人被判極刑，而犯了盜取國土大罪的人，不僅能夠成為大爺，而且，往往又被描寫成仁義俱全的人物。

正因為如此，司馬遷也為天下的惡人留下一些篇幅，撰寫了他們的事蹟。依照司馬遷的說法，惡人也有人性，他們行動的某一部分，也足以做為後世人的參考。

例如，波斯灣戰爭時，在美國人的心裡，轟炸伊拉克是「善」；但是在伊拉克人民的心裡，卻是「窮兇極惡」。

如此這般，立場不一樣，對善惡的評價也會轉一百八十度。人生並非單純到——能夠以這種相對的概念來做正確的判斷。筆者只能如此概言。

在中國數千年的歷史中，不乏暴君、惡漢、奸雄、叛逆者等等，所謂的壞人。在這些壞人裡面，叛逆無道而最為庶民所親近的男子，以魏國的曹操堪稱佼佼者。

元末明初的小說家——羅貫中所撰寫的《三國演義》，就把曹操當成反派人物的代表，徹底把他描寫成壞胚子。不知是幸，或是不幸？《三國演義》從以前今天都很叫座！成為長期的暢銷書，它的內容，由戲劇以及說書等，廣泛地被流傳……

《三國演義》在故事發生地的中國最為流行，在日本、韓國、越南、新加坡等漢字文化國，以及華僑多的地方，也廣泛地被閱讀著。

正因為如此，在這些國家裡，只要提到曹操，大家都會異口同聲地說：

「噢……你是說那個叛逆無道的亂世奸雄嗎？」

★怎樣去理解一個人？

那麼，這個叫曹操的人，果真如同大多數的先入之見一般，屬於叛逆無道的人嗎？這個彷彿惡棍頭子的人，何以會勝過劉備、諸葛孔明等等的「好人」呢？

在魏、吳、蜀三國鼎立的時代，最強而有力的人物就是曹操。

而在歷史上以奸雄、惡棍稱著的人卻會獲勝，難道老天真的不長眼睛了？或許是歷史上最叫人感到啼笑皆非的事實吧？在此地，最大的問題是——

「我們可能沒有眞正理解——魏國指導者的曹操。」

退一步想想，如果曹操真是如同我們先入為主之見所認為的惡棍代表，仍舊有個問題，那就是——

「只憑善惡去評定一個人，實在沒有意義。」

猶如我已經敘述過的一般，所謂的善與惡，只不過是相對的概念。這種相對的概念，憑人類的喜好，可以不斷改變。

例如——美國人心目中的「善」，對伊拉克人來說，乃是「窮兇極惡」一般，根據一個人的判斷，善惡的評價將大幅度改變。

我認為——憑那種抽象式的善惡觀，評定一個人的生涯，實在是一種錯誤。

曹操圖畫般的人生

★天下以自己為中心旋轉

撇開善惡不論，曹操的一生多采多姿，在三國英雄裡面，他實際上度過了畫卷一般燦爛的生涯。

關於他生涯的軌跡，我將從下一章開始詳述之。是故，我要避開重複。他的人生所以有如圖畫一般，富於浪漫性，起伏洶湧，有一部分，乃是他的個性所使然。

曹操是喜歡絢爛生涯的人。不招惹人眼的質樸，以及暗中效力，跟他的性格無緣。

曹操喜歡出風頭。因此，他的行動時常會引起大眾注目。

例如——

被呼為「亂世奸雄」時，揚揚得意的嘴臉。

初為中央官僚時，嚴厲無比的政治姿態。

在討伐黃巾賊軍中的漂亮作為。

以逃亡者之身，錯殺了呂氏一家。

在討伐董卓的過程中，一意獨斷獨行。

……

諸如這般，曹操年輕時的行動，時時意識到大眾的耳目，而幹得轟轟烈烈。他那種充滿浪漫性，引起大眾注意的一舉一動，在創造了魏國之後，不但沒有停止下來，甚至更為囂張。這種傾向持續到他死亡那一天。

在三國時代的所有英雄裡面，曹操的履歷最為搶眼，同時也最為波瀾壯濶。曹操不僅愛出風頭，同時也是無以倫比的獨斷獨行者。他採取自我中心主義，一切以自己的主體性為準軸。或許，他時常如此想——

「在魏國，一切事物都必須以我為中心運轉。」

不管是什麼事情，非得曹操從內心同意不可。他最無法忍受的事，乃是別人無視於他的意志或命令而擅自行事。

正因為好大喜功，凡事愛出風頭，又是極端的獨行獨斷者，是故，他的行動一向非常惹人注目。

★才能至上主義者

其次，最為明顯的一件事情，乃是曹操善於使用人。

曹操為才能至上主義者，就算是敵人陣營的人，只要具備某種才能，他就會破例羅致。當然啦，其中也有關羽一般不肯就範的人。但是，曹操仍然很熱心地提拔人才，只要對方具有利用的價值，他就會厚待對方。

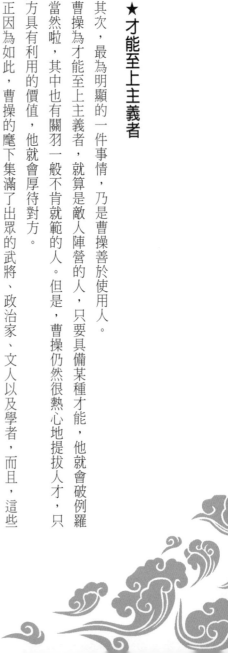

正因為如此，曹操的麾下集滿了出眾的武將、政治家、文人以及學者，而且，這些人都有一股決心——

「為主公奉獻一切。」

根據《三國演義》的說法，鼎立的三國有一種特色，那就是——

魏國……得到天時。

吳國……得到地利。

蜀國……得到人和。

事實上，無論就質及量方面來說，魏國的人才最齊備，也最多。曹操就集結了這些人才，很成功地三分天下取其二。

曹操雖然是善於使用人的武將，但是，他絕對不是單純的溫情主義者。

曹操從來就不曾感情用事。當對方失去了利用價值，或者在忠誠方面有疑點時，他立刻就會趕走對方。就算對方過去建立了多少功勞，或者對方正處於堪憐的境地，他也會冷淡地趕走對方，甚至把對方逼到死路。

曹操的做人準則是，絕對不沈迷於所謂的情感，徹首徹尾地保持清醒，以及冷酷。正因為如此，曹操比其他的皇帝殺了更多的人。

就如此這般，由於曹操具有——

◎獨斷獨行的性格。

◎喜歡轟轟烈烈做事的性格。

◎善於使用人的性格。

所以，他的人生才有如一幅圖畫似的，發出燦爛的光輝。

為了達成野心，燃盡了他的生涯

★把原則與真心分開使用

曹操所以過了有如畫卷般的燦爛一生，乃是他的野心與美夢所使然。結果呢？他不斷地追求美夢，為了達成他的夢想，燃盡了自己的生涯。

曹操早就具有「挾天子以令天下」的大野心。為了達成這種野心，他成為中央官僚，參加討伐黃巾賊的官軍，高舉討伐叛賊董卓的旗幟，再建立魏國，為了擴充領土而四處奔走。

不過，曹操的最後目標是由魏國來統一天下。

那時，天下由漢朝所統一，曹家代代蒙受漢室的恩惠，正因為如此，雖梟雄有如曹操也難以公開表示——他要打倒漢室，由自己來當皇帝。

但是在內心裡，他一定下了決心——

「我要滅漢，再創立魏的王朝。」

於是，曹操自己並不做皇帝，而且，還對漢朝皇帝盡忠。這是他討好天下人的原則。但是，他的真正心意是——由我的後繼者當皇帝。

所以，我們看到曹操的全部生涯都敬奉漢朝皇帝，表面上採取「尊皇扶漢」政策。然而，漢朝最後一個皇帝獻帝只不過是一個傀儡，一切都由曹操所操縱。

但是，曹操死了以後，他的大兒子曹丕對漢室並不感到任何恩義，就在曹操死的那一年，以逼退「禪讓」的形式，從獻帝那兒取得皇位，成為魏王朝的文帝。

一切，都似乎依循曹操的計劃進行。

曹丕即位後，有感於曹操創立了這個王朝，因此，給他父親一個「武帝」的諡號。這對一輩子沒稱帝的曹操，如果有「在天之靈」，算是一個「安慰獎」吧！

曹操一面過著畫卷似的華麗生涯，一面為了達成他的野心起見，一直把「表象」與「本意」分開使用。為了達成他的美夢，他把自己的生涯燃燒殆盡。

對曹操來說，在天下還未安定時就去世，或許有些遺憾；但是以客觀的角度來看，他對於為了達成自己的野心而燃燒的人生，實在應該感覺到滿足才是。

★畢生不斷的追求

所謂人生，有著種種典型。

有些人甘於上天給他的命運，一生默默地承受這種命運。
也有一種人具有主體性，為了達成他的美夢，很積極地利用他的生涯。
不問中外古今，凡是所謂的英雄、偉人，都過著後者的生涯方式。
也有很多人在未實現美夢之前，就從歷史的舞台消失。
相反地，雖然美夢並非正當的東西，然而，也有實現了理想的人。
曹操為了達成他的野心而奮鬥，而且，他在某種程度上確實實現了自己的美夢。
就算他的野心帶來了叛賊的污名，或者為了隱蔽自己的野心起見，很巧妙地驅使了實像與虛像。但是，為了達成自己的美夢，他把自己的一切都燃燒殆盡。
雖然如此，仍然不失為有作為的一生。

第一章

曹操的生平與幼年時代

曹家的系譜

★宦官制度

創立漢朝者為高祖劉邦，其大臣之一，有一個名喚曹參的武將。曹參是沛國（現在的徐州附近）人。據說，此人就是曹操的祖先。

據曹操的說法，漢朝草創時的功臣曹參正是他的遠祖。實際上，根本就無法查證。關於曹操的祖父曹騰，則可以在《漢書》的〈宦者列傳〉中看到。但是，並沒有其有關家系的詳細記錄。

曹操跟曹參之間，時代相隔了三百年以上，就算有血親關係，也只不過是遠祖而已。只是，同樣是沛國人，又加上同是曹姓，是故，他倆之間，或許真有血緣關係。

明治維新以前的日本文物制度，多數屬於中國的翻版。雖然日本民族的模仿性很強，但是，有幾種中國制度並沒有在日本流行，那就是——

●宦官制度。

● 科舉制度。
● 纏足制度。

所謂「宦官」，說得明白一些，乃是被去勢的人。

皇帝、王公諸侯實在很自私，自己雖然擁有很多鶯鶯燕燕，卻厭惡后妃、宮女及大內的女性去接近男性。正因為如此，才產生了宦官制度。自古以來，宮廷公然有宦官存在的國家，只有中國、韓國、印度，以及阿拉伯各國。

宦官因為被去勢，變成了不是男人的男人，雖然缺少了性欲，但是，對於權力方面卻比一般人強烈得多。因為，時常接近皇帝與大官，親近掌握大權者，以致，自己也想壟斷權力。

同時，宦官之間有一種被害者的親近感，是故，很容易團結。

因此，對於宮廷的權力結構，宦官們擁有獨特的掌控力。

在中國數千年的歷史裡面，「宦官之禍」最為嚴重者乃是後漢、唐、明三個朝代。

★「濁流」的宗譜

劉邦所創立的漢朝維持了約四百年，大致說來，前半為前漢，後半為後漢。在前漢時代，皇族的外戚獨掌政權。其後，在宮廷裡抬頭的宦官勢力，掃蕩了形成毒害的外戚勢力。

正因為如此，到了漢朝的後半，宦官橫行，為了掌握政權而明爭暗鬥。承續前漢的外戚勢力增長，到後漢第八代順帝時，梁商的女兒被選為皇后時達到了頂點。她的哥哥梁冀成為大將軍，他的一族就了政、軍的重要職位，完全支配了朝廷權力。就彷彿日本的藤原氏一般，漢朝的這段時期，梁氏一門所沒有的東西，別人也休想擁有。

單超、唐衡等五個宦官一掃朝廷內的外戚勢力，再誅滅梁氏一族。從此以後，宦官替代外戚掌握政權。以對宦官論功行賞為契機，後漢就變成一種宦官王國。

然而，宦官雖然在朝廷弄權，但是，一般民眾卻極度蔑視他們。

讀者不妨回想一下在影片《末代皇帝》中，雲集在宮殿中庭的數千名官僚。那些蒼白著臉孔，眼睛無神，隱藏著殘忍的竊笑，叫人感到噁心的男人就是宦官。

正因為他們被去勢，因此，不管在感覺與嗜好方面，都跟一般男子不同。對於這種集團，一般人往往會在生理方面產生嫌惡感。

後漢的宦官們也被看成「濁流」的宗譜，而受到一般民眾蔑視。不管他們如何在宮廷裡弄權，總是跟一般人不同。他們的血液是混濁的。宦官們總是被投以特別的眼光。在後漢時代，一提起「濁流之宗譜」，大家就會想到那是出了宦官的家譜。

《後漢書》的作者范曄如此說——

君也者始於宦官，亦終於宦官。（《後漢書．宦官列傳》）

換句話說，漢室開始時重用宦官，看起來，彷彿是利用了宦官的勢力一般，但是，最後卻為宦官所滅。

在後漢的後半，宦官擁有很大的勢力，但是，一般民眾卻以冷眼看他們。那種濁流的宗譜，曹操的族譜亦含括其內。

曹操的族譜

★苦命人的祖父

曹家的某一代有一個叫曹節（並非服侍後漢十一代桓帝與十二代靈帝的宦官——曹節）的男子。沛地的曹節家有幾個兒子。因為，曹節只是地方的下級官吏，是故，很希望自己的兒子進入宮廷，處身於政權的中樞，以致把四男曹騰去勢，使他成為宦官。

在那時，宦官已經在宮廷成為一大勢力。因此，地方的名望家族裡面，為了急於立身出世，有些人把自己的兒子去勢，讓他成為宦官。

曹騰，也就是曹操的祖父。

曹騰在第八代順帝時進宮，一直到第十一代桓帝為止，就以宦官的身分在宮裡活動。這個曹騰被歸入「海內名士」之一。《後漢書》的曹騰傳如此寫著——

「在宮裡服務三十多年，服侍過四個皇帝，前後並未曾出過什麼差錯。」

看了這段傳記，可以想像他必定吃盡了苦頭。也許，他的宮廷對應方策相當高明，否則，在那種陰濕，「不是吃人就被人吃」的宮廷內，不可能待上三十多年。

如此這般，因為，祖父是聞名的宦官，因此，不管曹操是否喜歡，他已經被歸屬於「濁流的宗譜」了。

★把屈辱深藏於心底

到了後來，政敵及歷史家批評曹操時，老是會挖出這種屈辱的家譜，如此說：「曹操具有的陰險、無情，以及狡猾的性格，都是污穢的血統所使然。」

順帝在位時，由於在誅滅外戚方面有功績，朝廷允許宦官收養別人的兒子。由此宦官的財產以及爵位得以由養子繼承，身分也可獲得保證。

曹騰利用這個恩典，把親戚夏侯家一個名嵩、字巨高的男孩收為養子。而曹嵩的長子就是一代梟雄曹操。

曹嵩憑養父的財產與信用獲得了重要的職位，但是，他仍然不感到滿足，在後漢的中平四年（一八七年），購買了太尉（三公之職，軍事的最高責任者）的官職。

漢朝還沒有科舉制度，但是有一種利用金錢購買官位的風習。那些買官的金錢，充當國家財政方面的進帳。

曹操的祖父是大眾所厭惡的宦官，父親使用金錢購買國防大臣的顯要職位。這兩件事情給曹操很大的打擊。對於祖父以及父親的所做所為，曹操閉口不談。但是，他的勁敵當然不放掉這個事實。

袁紹的祕書陳琳以善於寫文章而聞名。他撰寫如下的檄文辱罵曹操——

……曹操的祖父曹騰是人人厭惡的宦官；而且，做盡了壞事，也是使人們吃盡苦頭的大惡棍。他的父親曹嵩嘛……在如同乞丐之下被收為養子。而且他累積了不淨的金錢，以賄賂的方式，買了最高官位的三公之職。

擁有如此污穢的祖父與父親的曹操，不可能是正正派派的人……

想不到，主公袁紹戰敗，陳琳被曹操所逮捕。曹操對被拖到他面前的陳琳說：

「以前，你曾經替袁紹寫過檄文。你數落我的罪名已經太過分啦！想不到，你還非難我的父親、祖父。你要說一個人的壞話，應該只數落本人的不是，不該連對方的父親、祖父都拖了出來。」

曹操說完，狠狠地瞪著陳琳。陳琳聽了一句話也說不出來。（《魏書．武帝紀注》）

★支持曹操的一族

以中國的封建社會來說，只要一族裡面出現了高位的官員，或者一國之主，一族的人都會封官進爵。不僅是男子而已，像女子憑美貌成了皇后或皇帝的寵妃之後，一門都會加官封爵。最具代表性的例子，乃是玄宗皇帝所寵愛的楊貴妃。

曹操成了魏國的首腦人物，後來又統一了天下。因此，很多親戚都受到他的庇蔭而享盡榮華富貴。現在，我要介紹最具代表性的幾個人。

◎曹休——字文烈，為曹操的侄子。年少時喪父，跟母親移居於吳。曹操舉兵時，逃出吳，加入曹軍。曹操很疼愛這個侄子，叫他跟兒子曹丕一塊居住，把他當成自己的兒子一般看待。

這以後，曹休屢次建了戰功，在曹操之孫魏明帝時，因患惡性腫瘤而離開了人世。

◎曹洪——曹操的堂兄弟。字子廉。

在滎陽之戰，曹操敗於董卓的部下時，曹洪說：「天下沒有我無所謂，但是，沒有您是不行的！」就完就把他的馬讓給了曹操，救了曹操一命。

這以後，曹洪仍舊以曹操側近的身分活躍。曹操死後，曹洪與曹丕合不來，一直受到冷遇。到了明帝時又恢復了名譽，當起了驃騎將軍（機動部隊司令官）。於魏太和六年（二三二年）去世。

◎曹仁——曹操的堂兄弟。字子孝。年輕時，就擔任曹操的先鋒馳騁戰場，以勇將的身分參加多次戰鬥。曹操死後，擔任預防吳軍攻擊的任務，於魏黃初四年（二二三年》去世。

◎夏侯惇——為曹操父親那邊的人，等於曹操的堂兄弟。字元讓。年輕時就幫著曹操轉戰各地，中了流箭而失去左眼，變成眾人所知的獨眼將軍。曹操對他十分信任。晚年被任命為大將軍。曹操死後不久，他也去世了。

◎夏侯淵——是夏侯惇的異母弟。字妙才。服從曹操，連續立下戰功，很受曹操的寵愛。主要在西北戰線活躍，當曹操在陽平關跟劉備激戰時，夏侯淵為蜀的老將黃忠所斬而死。

時代的風雲兒

★叫人膽寒的孩子

曹操在後漢永壽元年（一五五年）生於沛國譙縣的豪族之家。字孟德，幼時被喚作阿瞞。祖父曹騰為宦官，一生極不榮耀，父親曹嵩出了大筆錢財購得太尉的顯赫職位，因此以鄉下來說，曹家也算是有頭有臉的財主。

關於曹操的少年時代，史書如此記載——

太祖（指曹操）少而機警，雖有權術，但是，任俠放蕩，不治行業。

（《魏書‧武帝紀》）

曹操在幼小時，就有一股無賴不良的味道，又喜歡為非做歹，因此周遭的人都怕他厭惡他。

傳說中有以下的一段插話。

由於曹操的為非做歹太過離譜，因此，叔父時常提醒曹操的父親，最好多加注意。

呸！真是囉唆的叔父，我非給他一點顏色瞧瞧不可……

曹操如此尋思，遂想出一計。

有一天，曹操在路上碰到叔父時，立刻裝出眼斜嘴歪的德行，並且表現出步行困難的樣子。叔父嚇了一跳，問曹操：

「阿瞞，你到底怎麼啦？」

曹操如此回答：

「叔父，我有一種中風的老毛病，如今正在發作呢！」

「什麼？中風？那就不妙啦！」

叔父很快就去告訴曹嵩。曹嵩嚇了一大跳！叫來曹操，問病情到底如何？

「你叔父說，你中了風……」

但是，曹操卻漫不經心地回答：

「中風？根本就沒有這回事！叔父因為天天都想方設法想要為難我，所以才會說出莫名其妙的話。」

自從發生了這件事情以後，逢到這個叔叔打小報告，告訴曹嵩小心曹操的作為時，曹嵩再也不認真去聽了。

哼！看看誰比較厲害……

曹操冷笑著，更是肆無忌憚地為非做歹。

以上，乃是出於〈武帝紀〉的一段小插曲。

由此可見，曹操幼小時，就是叫人感到「怕怕」的孩兒。

★心中不單純的風雲兒

曹操在少年時代，曾經跟惡友共謀，悄悄潛入舉行婚禮不久的人家。一進入婚宴場的入口處，他倆就聲嘶力竭地喊叫：

「有賊！」

當那家人及賓客們正在慌張時，兩個圖謀不軌的少年進入最裡面的寢室，抽出刀劍嚇唬新郎，再脅迫新娘逃走。才逃了一小段路，曹操就發現後面有很多人在追趕。因為夜路實在太漆黑，曹操跟他的惡友都掉進荊棘叢，以致他倆跟新娘都動彈不得。

費了九牛二虎之力，曹操好不容易從荊棘裡爬了出來。就在這時，後面追趕的一群已經逼近了。曹操認為不想辦法，再也逃不了啦！於是，他大聲叫：

「劫走新娘的採花賊在這兒！」

待追趕的一群人奔進荊棘裡面時，曹操就丟下惡友，從容逃走。

這篇故事出自《世說新語》的「假譎篇」（晉代的奇聞集）。所謂「假譎篇」，記載了名人的欺騙以及詭詐之行。

到了這種地步，已經不止是頑皮及搗蛋，已接近地痞流氓之流。由此可見，曹操少年時代的胡作非為，已經到了很嚴重的地步。

不過，曹操並非只是叫人感到頭疼的少年而已。如果只是胡作非為或者搗亂的話，他就不可能有後來的活躍。曹操確實是胡搞的少年，然而，他卻擁有思考到時代動向的柔軟神經，以致，決心要重建當時腐敗的社會。

如果我們忽略掉這一點，我們就只會批評他是叫人感到頭疼的少年而已。如果曹操只是不良少年，就不可能有後世咤風雲的一代奸雄。

由於外戚的專橫，凡庸的皇帝，腐敗的官僚，外敵的侵略，盜賊的橫行，天災地變，疫病流行等重疊在一起，使得當時的漢朝搖搖欲墜，庶民嚐盡了塗炭之苦。

心中懷著大志的風雲兒都投身於改革的浪潮之中，一心一意想改革當時的社會。

★郭太的預言

當時，山西省太原有一個叫郭太的人物。此人學富五車，見識很廣。因為他具有卓越的政治理念，因此，朝廷及地方官府都想拉攏他。

但是，郭太並不想踏上仕途，他如此說——

「吾夜觀乾象，白晝觀人事。上天所欲廢者，不應支持。」

（《後漢書．郭太傳》）

郭太所謂的「上天所欲廢者」，乃是指在垂死前掙扎的漢朝。

對於時代動向非常敏感的曹操，老早就看出漢朝已經處於垂死的邊緣。他認為這種腐敗的王朝應該推翻，再創造新的時代。為了這個目的，曹操描繪一個很美麗的夢。

於是，胸懷大志的曹操開始很認真地練武、讀書。

劍術方面，不僅是故鄉的人不能跟他相比，甚至鄰近各國的人也不能勝過他。

曹操本來就有文學方面的才華，而且，又認真地研究學問，學術方面也有長足的進步。在成了一國一城之主以後，他也不斷地研究學問及藝術，甚至註釋了兵法書《孫子》。這也是他年輕時用功的收穫。

除此以外，曹操也喜歡獵鷹、賽狗、鬥雞、下棋等等；同時，他也擅長弓術及馬術。他是一個花花公子，也是全能選手。

亂世的奸雄

★許子將的人物評論

少年時代乃是十足惡童的曹操，到了青年時代，還是沒有改變惡劣的習性，叫人感到不勝其煩。然而，除了惡劣行徑之外，他還擁有平庸之人所沒有的睿智。

不過，曹操在青少年時代雖然行為放蕩，但他頗留心世事。稍長，他有感於東漢後期政治黑暗，宦官當權，豪強恣橫，人民生活痛苦。當時有個宦官頭目中常侍張讓，得到漢靈帝的寵愛，他依仗權勢，驕橫跋扈，每天到他府前「求渴」的車輛，竟達數百千輛，擺列起來像一條長龍。曹操暗自發狠，要幹掉這個張讓。一天晚上，他趁著月黑風高，輕裝潛入張讓府中，不料在他正要闖進張讓居室去下手時，讓張讓發覺。張高呼拿賊，曹操只得無功而退。

曹操在這次刺殺張讓未成之後，心中憤憤不已。他一方面博覽群書，潛心研究兵法，同時又開始廣泛接觸社會名流賢達，希望得到他們的賞識，為他登上仕途，進而施展抱負，做好必要的準備。

後漢靈帝時，攀登到太尉官階的橋玄以具備看穿任何人的眼力而著名。

有一天，橋玄對青年時代的曹操如此說：

「到現在為止，我看過很多天下名士，不曾看過像你一般的人。你要充分自重。我是餘命已不長的人，我死了以後，就煩你照料我的妻兒。」（《魏書．武帝紀注》）

橋玄介紹一個叫許子將（許邵）的人給曹操。

那時，許子將跟他的外甥在每月一日召開人物批評會，這件事情獲得很高的評價。當時的人稱呼這件事為「月旦」，很重視這個批評會。

所謂「月旦」，乃是指每個月第一天。時到今日，人物批評仍被稱之為「月旦」。或者「月旦評」，正是由此而來。許子將也以善於看人相而聞名。橋玄介紹曹操給許子將後，曹操立刻要求許子將為他看相。

許子將看了曹操的面孔一陣子，但久久不發一語。曹操一再催促之後，他才說：

「你是治世的能臣，亂世的奸雄。」

聽了這句話，曹操樂得哈哈大笑。（《魏書．武帝紀注》）

那時，正是群雄崛起的亂世。亂世並不稀奇，但是，奸雄並非很容易扮演的角色。

所謂「奸雄」，既非單純的英雄，也不是普通的壞胚子。

「長於權謀術數，任意擺布單純的凡人。另一方面，懷抱著曠世的大志，並且，具有在天下稱霸的強烈個性。」——這就是奸雄。

換言之，大惡棍與大英雄的兩種要素混合在一起者，就是所謂的奸雄。

通常，逢到算命者如此說時，一般人都會感到不好受。但是，曹操被說成「亂世奸雄」時，還沾沾自喜呢！這一點可是最叫人感到害怕。

這以後，「亂世的奸雄」就成了曹操的諢名。

★白色臉譜為奸雄的象徵

在日本明治維新時代，懷抱著青雲之志，從土佐到達江戶的岩崎彌太郎，他的最大願望是成為——

「亂世的奸雄。」

後來，岩崎彌太郎從事相當惡劣的買賣，在西南戰役、中日戰爭、日俄戰爭等等時期，由於明治政府的庇護，獨佔了運輸、流通部門，獲得了莫大的利潤，終於締造了大三菱聯合企業的基礎。

總而言之，所謂「奸雄」，並非隨處都有；就是有心成為奸雄，也不是那麼容易就能夠辦到。這種人，可說是「惡劣要素」勝過「正義要素」的大英雄。

《三國演義》就有如日本的《忠臣藏》以及《義經千本櫻》一般。中國的古典戲劇（例如——京戲、昆戲、粵戲以及台灣的歌仔戲等）往往把它當成重要的戲碼。

而且，扮演曹操的人必須塗抹成一張大白臉。以中國人的感覺來說，在臉孔塗抹接近鉛色的白色塗料，再以黑色線條裝飾的曹操臉譜，正表示並非通常的善人。因為，那種臉譜是亂世奸雄的象徵。

第二章

初次出仕

接受推薦，當一名中央官僚

★成為孝廉

後漢嘉平三年（一七四年），十九歲的曹操被舉為孝廉，成為中央政府的官員。

那時，還沒有科舉制度，都是由各地推薦優秀的年輕人，任用為官吏。以人口二十萬為一個單位，每年各推舉一個人，再委任他們為準「郎」，也就是官僚的預備軍。

接受推舉的青年稱為「孝廉」。

孝廉的「孝」也者，表示孝順父母，「廉」也者，也就是廉潔清白的意思。也就是說，必須是品行端正，富於仁德之心，值得地方長官推薦的年輕人。

雖說是由地方長官所推舉，然而，並非審察領土內的每一個青年，只是把這種工作給豪族以及受封的家庭；再從這些人推薦的青年中，每年選出一個孝廉。

但是，地方豪族並不見得都是好人。

推舉孝廉牽涉到利害關係，以及現實的種種問題，是故，被選出的青年不見得都是孝順父母、品行端正的人。就算是為非做歹的青年，只要利用金錢行賄，還是有可能獲得推薦。正因為如此，前不久仍還是沛縣一名不良青年的曹操，一躍而變成品行端正、學術優秀、孝順父母的「孝廉」。

★不能成為縣令

曹操的故鄉沛國，也是漢高祖劉邦的出身地，以致被中央政府看成重要的地域。該處地方長官的發言權很強，他推舉的「孝廉」立刻就會受到中央政府的重用。

曹操也很快就成為中央政府的「郎」。

所謂「郎」，乃是官吏的候補者，等於是中央的實習官員。

那時，也有所謂的「試用期間」或「見習期間」。只要沒有發生特別事故，絕對不會老停留於「郎」的階段，或者在中途被取消資格，通常，都會變成正式的官吏。

曹操在「郎」的期間內也很安分。

曹操如此想——反正不久的將來就會變成正式的官吏，甚至會成為大臣或者高官呢！正因為如此，他認為千萬不能引發任何問題，變成官吏的不適格者。所以，曹操平穩無事地過日子。或許，他裝得很像一個品行很好的青年，不久之後，就成為青年官吏的預備軍，又過了一段時間，再正式任官，成為「司馬防」。

具體地說，「司馬防」到底是什麼官職呢？關於這一點，我也不甚明白。總而言之，那是跟軍隊有關的職務。對於精通武藝的曹操來說，這是求之不得的一種職位。

任官後不久，曹操就成了洛陽縣北都尉。這時，他一心想成為洛陽縣的縣令。洛陽縣令為地方長官的最右翼，同時在洛陽城內擁有宮殿，跟中央政府的高官沒什麼差別。

想不到，競爭者搶走了縣令的寶座，曹操也只能徒嘆奈何而已。因為，曹操在宮廷裡沒有任何勢力，更沒有能夠提拔他的高官。

其實，曹操被任命為北都尉，已經是難能可貴的一件事情呢！

「尉」乃是各縣都設置的官位，類似警察署長兼法官的職位，也就是逮捕盜賊、決定刑罰的武官。曹操之所以獲得這個職位，不外是拜他的武藝及精熟兵法之賜。

鬼一般的洛陽北都尉

★撲殺違紀者

那時，漢朝不僅遭到天災地變、疫病、外敵、流寇、農民造反等難題，而且，財政方面非常吃力，國力貧弱。只要走出京城一步，朝廷就無法管束人民，治安很亂。

在這種治安不良又不安定的社會裡，掌握武力的公安部隊指揮官，也就是擁有司法權的縣尉，可說是非常風光的官職，甚至可以說，比縣令更具威力。

年輕又野心勃勃的曹操歡天喜地去赴任。

曹操一上任，立刻修改四方城門，在城門左右豎立橡材製成的粗木棒。另一方面，高高懸掛的告示牌上書寫著有關出入城門的條令。並且聲明，違紀者一律嚴懲。

以前的縣尉們一旦就任，就會要求人民遵守公安條令，原則上，叫喊著要嚴格地執行法規，但是，這也只是「原則」而已。

事實上，這只是口頭上說說而已，很少人遵守繁雜的條令。而且，城門的開關時間又不一定，只要給看門的兵士一點甜頭吃，他們就會「為人民服務」。

有些人民認為——這一次上任的縣尉可能也是口頭上說說而已，並非認真，以致有了冒犯條令的人。

如此一來，在衛兵站監視的曹操拿起掛在城門的木棒，活活地把違紀者打死。

這以後，凡有違紀者，曹操就下令把他們打死，即使是權勢者的子弟也不例外；如果有人暗中行動，或者給衛兵吃甜頭，立刻就會受到處罰。

曹操任職數月之後，皇帝的寵臣企圖攀登城門，以致遭到撲殺。

……他是一個鬼縣尉呢……

人們對曹操的嚴厲感到害怕，再也不敢輕易地違反公安條令。

★上位高官的反感

但是，冒出頭來的木椿是會遭到痛打的。

公正嚴厲的縣尉如果站得住腳，漢朝就不會因腐敗而滅亡。

曹操嚴正的辦事態度，雖獲得民眾及下級兵士支持，卻引得高官顯宦萌生反感。

同樣的事情，在目前也存在。公正、對金錢的誘惑不動心、不向權勢低頭，鋤強扶弱的民眾守護者，一直被當成理想的偶像，時常在電視及電影中出現，但是在現實的政治環境之下，很不容易存在。

如果是在民主體制下，或者人權思想穩定的社會，也許有存在的可能；假如是在專制集權主義國家，或是獨裁者君臨的社會，那麼，這種公正的嫩芽一定會被摘掉。

民主主義的正道就是把這種公正的嫩芽培育成能夠支撐國家社會的喬木。

被「敬而遠之」的擋路石

★被左遷到鄉下

以一般人來說，受到賄賂時，通常都會變得軟趴趴，但是年輕而正義感強烈的曹操並不吃這一套。剛開始，朝廷的高官都抱怨道：

「這個年輕的洛陽縣尉，實在很不通融……」

經過了幾個月，曹操的態度仍然不軟化，以致，朝廷的高官們皺起了眉頭。

「反正，他還年輕嘛！我們就不要太計較了。」

起初，高官們都如此想著。但眼看曹操一點也不改變態度，終使他們產生反感。對高官們構成甚大妨礙的曹操，兩年後，終於被調任到頓丘成了縣大爺。

頓丘縣距離京城很遠，比起洛陽縣來，面積小，人口也很少。

從縣尉轉任縣令，形式上雖然是升官，實際上，曹操是……

「被敬而遠之」了。

表面上是升官，實際上是左遷，是一顆被移開的擋路石。

關於這件事情，曹操也非常明白。但是對人事鳴不平的話，將被說成「那傢伙很自大」。於是，曹操只好乖乖地接受委任令。

★被人疏遠的縣令

建安十九年（二一四年），曹操為了討伐東吳的孫權，率領軍隊出了鄴都。

他對送行的三男曹植說：

「年輕時，我從洛陽縣尉轉任頓丘縣令，當時我只有二十三歲。想起往事，我內心泉湧出萬千感慨。今年，你也二十三歲啦，你就好好的留守此地吧！」

曹操感慨萬分。可見，那的人事異動，給予曹操考驗自己忍耐力的機會。

赴任頓丘縣令以後，曹操仍然展開嚴正而賞罰分明的行政。這一次跟洛陽縣不同，因為，沒有仗著權力做無理要求的官僚以及不講理的高官，是故，當起縣令來，得心應手。不久，民眾開始如此批評：

「這一次的年輕縣令雖然很嚴厲，但是，一直公正無私呢……」

這種風評不久也傳到朝廷。然而，腐敗的高官們對曹操的「良政」並沒有好評。

昏愚的皇帝加上低俗的高級官僚

★何氏一族的抬頭

光和三年（一八〇年），曹操二十五歲，再度被召回洛陽，被任命為議郎。

「議郎」有權參加朝儀，能夠提出對國家行政的建議。逢到屬於中央官僚的主流派，或者有著強力的背景時，將能夠發揮很大的力量。

但是，在那時被任命為「議郎」的人，幾乎都是對頂頭上司肆意逢迎，沒有任何做為，說不上好與壞。血氣方剛的曹操不欲以這種平凡的官吏而感到滿足。

這時的執政者為後漢靈帝。他是一個史上最無賴、最無恥、最荒淫的的皇帝之一。曹操在成為「議郎」以前，靈帝聽信宦官的讒言，廢了皇后宋氏。

到了曹操成為「議郎」的那一年，何氏被提拔為皇后，她的哥哥何進也擔任宰相。這正好埋下後漢滅亡的種子。

★相信憑力量才能對決

在廢了宋氏以前，宦官的專橫非常顯眼，因此，號稱為清流派的中堅官吏竇武與太傅（皇太子的老師）陳蕃打算殺害宦官。不幸被發覺，全被處死。

成為「議郎」的曹操立刻上書說——

「竇武等人正義感強烈又率直，但是卻被捕而遭到殺害。身為清流派的這兩個人死了以後，邪惡的人在朝廷橫行，善良官員的仕途被斷送了。」（《魏書．武帝紀注》）

——曹操雖然如此呼籲，但是沒有受到理睬。

飽受外敵入侵，民眾造反，以及流寇的荼毒，靈帝卻不管國家的危機，縱身於酒池肉林，不想認真執政。高官們沈溺於金權政治，賄賂公然在朝廷橫行，官僚的胡作非為未受到告發，沒有背景的下級官吏開始時堅守道義，但是不久就被拖下水。

曹操既然就「議郎」的官位，他絕不能對這種世紀末的現象閉上眼睛，他時常奉上奏文，促使皇帝、高官反省。但是，大家都充耳不聞。

逐漸地，大家對他感到煩厭，罵道——

「實在是夠囉唆的傢伙！」

在那個時期，政治及道義日漸紛亂，無惡不做的官吏越來越多。

最後，曹操也察覺到腐敗的漢室已經不可救藥，於是，停止了他的獻策及諫言。

說實在的，單靠一個文官的力量，實在救不了腐敗的國家，如果欲救淪落於水深火熱的民眾，那就更為困難了。欲重振朝綱，使天下太平，必須自己擁有軍力，憑力氣跟所有惡勢力對決——曹操頓悟到這一點。

後漢中平元年（一八四年），三十歲的曹操有如《論語》所寫的教誨一般，樹立了某種志向。他辭掉了文官的「議郎」職務，就任「騎都尉」（都城的警備隊司令）。

曹操本來就愛好武藝，因此，這種職務很適合他。他自此重新掌握了武力。

第三章

首次上戰場

黃巾之亂

★咒術師・張角的野心

後漢末期，由於政局不安，加上天災、人禍不斷，農村已經凋蔽不堪，生產力一落千丈，農民為饑餓所苦。

那時，所謂「太平道」的新興宗教抓住了為貧窮所苦的農民之心。

「太平道」的主角是──河北省鉅鹿出身的張角，乃是一名來路不明的咒術師；他以華北的農村為中心展開傳教。

他集合了難民及貧農以後，給他們符水喝，聲稱能夠治好萬病，再唸一些莫名莫妙的咒文。想不到，真的有些病人被治好。以致，這種新興宗教很快地蔓延開來。

張角命令他的八名高徒到各地農村傳教。信徒很快就增到幾十萬人；尤其是在青、徐、幽、冀、荊、揚、兗、豫等八州特別興盛。

因為信徒激增，張角把教團分成三十六「方」，再設置渠帥，作為領導者。

「大方」擁有萬人以上的信徒，「小方」也集合了大、七千人的信徒。大方的領導者之中，有些與洛陽的官僚暗通款曲，約定他們為內應。

看到時機已經成熟的張角，創作了一首歌謠——

蒼天已死，

黃天當立，

歲次甲午，

天下並不太平。

中平元年（一八四年）為甲午年，在那一年的三月五日準備起事，推翻朝廷。不幸，消息為中央獲知，「大方」的馬元義被捕處死。但是，張角仍按照預定計劃起義。他自封為天公將軍，封他的弟弟為地公將軍，封張梁為人公將軍，在華北、華中各地同時起義造反了。

★接連戰敗的官軍

參加起義的農民相信，只要戴上書寫咒文的頭巾，就可以刀槍不入，因此奮勇無比。因為，大家戴著黃色頭巾，所以被稱為「黃巾賊」。

從此以後，「黃巾之亂」持續了十年。它也成了漢朝崩潰的直接原因。發生「黃巾之亂」以後，朝廷的官員亂成一堆，但是，又不能坐視，於是，任命宰相何進為大將軍。何進原本是個賣豬肉的，由於他的妹妹受到靈帝寵愛而一躍成為宰相。但是，他根本就不會指揮軍隊。

何進在慌張之下，採取下列的措施。

◎在各地招兵，廣徵英雄豪傑，讓他們討伐黃巾賊。

◎把朝廷的兵法顧問盧植晉升為討伐軍總司令，再把皇甫嵩升任為左軍司令，朱雋升任為右軍司令。把討伐的工作委給這些武人。

◎對「黨錮之亂」被流放的清流派官吏下大赦令。

◎下令三公九卿提供馬騎與武器。

◎凡是能夠戰鬥的官員子弟，都令他們參加討伐軍。

受到妹妹庇蔭，爬到宰相位置的何進根本不會打仗，因此他並沒有參加討伐軍。中央政府的官僚們嘴裡雖然會講漂亮的話，但為了讓自己的子弟免於參加軍隊，運用賄賂及種種不正當的手段。正因為如此，士氣非常低落，到處都吃敗戰。

★穿紅色鎧甲的年輕武士

一直到一群英雄豪傑加入以後，討伐軍方面才轉敗為勝，逐漸平定各地黃巾賊。這時，加入討伐軍的人物有——曹操、袁紹、董卓、呂布、袁術、孫堅、劉備、關羽、張飛、公孫瓚等，這些人都是日後縱橫三國時代的英雄豪傑。

曹操的生涯幾乎都在戰場度過；首次實際參加戰鬥，則是以騎都尉的身分加入追剿黃巾賊的討伐軍。

黃巾軍的主力大致上可分成三部分。一部是以鉅鹿為中心，在河北一帶活動的張角軍團；其次是張寶軍團，以南陽為中心，在華中及長江沿岸作亂；第三部則是波才軍團，打算佔領首都洛陽。

張角軍由討伐軍總司令盧植的部隊對付（在一段時間內，由董卓擔任司令官）；張寶及波才軍，由皇甫嵩及朱雋所統領的官軍對付，曹操跟劉備等人就是參加這一軍。

穿著紅色鎧甲的曹操非常活躍，黃巾軍稱他為「紅色戰甲的年輕武士」，非常懼怕他。尤其是在潁川的戰鬥，立下了很顯赫的戰功。

曹操這時的活躍倍受朝廷注意，戰鬥告一段落之後，就被任命為濟南的地方長官。關於地方長官，曹操已經有了經驗，因此，高高興興地赴任。

★制壓濟南一帶

當時，在濟南府任職的千餘名官員裡面，對掌有大權者奉承巴結，向民眾收取賄賂，可說無法無天。曹操認為如此下去的話，行政方面將腐敗不堪，因此，赴任不久，就辭退了一些風評不良的官員。

那時，濟南有數百座廟宇及祠堂。名義上是祭祀漢室的有功者，事實上，只是一種邪宗祠廟而已；而且，這些廟宇的贊助者都是奸商土豪。這些奸商土豪聲稱為了維持廟宇，需要經費，向民眾收取金錢，自己則利用這些金錢過著奢侈的生活。

曹操拆掉那些邪宗祠廟，使奸商土豪們不能再向民眾揩油。這位新任的長官所採取的措施，帶來了如下的利益——

◎斷掉了奸商的不正當商業行為。

◎禁止設立邪廟及淫祠。

◎太平道等新興宗教再也不流行。

由於曹操嚴格地治理，濟南一帶恢復了秩序，政局也逐漸安定。

辭官躲在鄉里

★辭退太守的任命

擔任了兩年濟南的長官後，曹操又被轉任為東郡太守。東郡在河北省，如此就比較靠近都城洛陽。

但是，曹操拒絕了這道命令，以罹病為理由，回到了鄉里。至於他為何辭掉太守的職務，我們不得而知。

或許，由於他過於嚴厲，以致引起了其他官僚的反感，所以不得不轉任。

這種情形，就彷彿他在洛陽當縣尉一般，由於幹得太過火，終於招來中央政府高官的憤怒，以致被敬而遠之。

中國有一句俗話——

「水清的河川，沒有魚類棲息。」

一個人過於潔癖，或者腦筋太靈光，反而不會有人親近，朋友會走得遠遠的。

年輕時的曹操，無法在適當的時機跟別人妥協。

因為在少年時代過得富裕而自由自在，想做什麼就做什麼，不知害怕為何物，跟他人妥協之事情，會讓曹操感到自尊心受創。

正因為如此，他很不願委曲自己，仰他人鼻息，才辭了官職。

★享受晴耕雨讀的生活

對一般人來說，拒絕朝廷的命令，以疾病為藉口，回到鄉里窩居，實在不是一件很容易做到的事，但是，曹操卻做到了。

「上天欲廢的東西，不宜支持。」

反正，漢朝已經不可救藥了；稍微採取嚴厲的政策，上位者就怨聲載道。既然如此，不如自己辭掉官職。

回到了故鄉譙縣，曹操購置了一棟由小河圍繞的屋子，享受著晴耕雨讀的樂趣。

數年前，曹操使山東的歌姬卞氏懷了身孕，把她納作側室。這個卞氏是很懂得婦道的女人，一直為丈夫盡心盡力。曹操在好幾個妻妾裡面，最疼愛卞氏。

那時，卞氏已經生了曹丕。成為曹操的後繼者，即魏文帝者，正是這個曹丕。

曹操在安靜的隱遁期間，他的父親曹嵩忙於獵官運動，終於買到中央政府太尉的官職。不過，在還不滿兩年時，他就辭掉了那個職務。

曹操對父親的行動完全不干涉，採取旁觀者的立場。或許他內心認為——父親在做沒有意義的事。但是，他始終不曾說過什麼。也許他認為父親是父親，我是我吧？

不輕易參加政變

★王芬的計劃

曹操雖然躲到鄉下，但是，對於倒漢運動，他一直採取關心與慎重的態度。

後漢中平五年（一八八年），以冀州長官王芬為中心的一些人物，正在進行襲擊近衛部隊，廢靈帝，打倒宦官與何氏一族的陰謀。

除開王芬之外，許攸、周旌等青年熱血軍官也加入，計劃利用靈帝到河北省的別宮享樂時發動政變。

這些造反者裡面也有沛國出身的軍人。他認為曹操是同鄉，又是奮勇善戰的人，認為不妨慫恿曹操加入。為此，專程到譙縣說服曹操。

曹操如此回答：

「你們喜歡圖謀廢掉皇帝，膽量也未免太小啦；我對何進及宦官們都沒有好感。我當然也知道，目前的政局持續下去的話，漢朝不可能支持很久。因此，我也理解你們的氣魄。不過，非常對不起，我並不想參加。因為欲進行政變，除非有充分的準備，否則很難成功。往昔的人想掀起政變之前，都必須經過計算再計算，才敢實行。很遺憾地，你們的計劃太過草率。雖說漢朝已經衰敗，但是，仍然有一股強大的力量。關於這一點，你們似乎忽略了。」

果然不出所料，王芬等一夥人的計畫在事前就被探知，首謀者不是自行了斷，就是遭到捕殺。

★就任典軍校尉

曹操躲藏在故鄉的那段時期，黃巾軍的勢力又恢復強盛。

在黃河以北，出現了號稱「黑山軍」的黃巾賊，屢次發揮猛威。甘肅省及山東省也出現了別的軍團，叫官軍吃盡了苦頭。

朝廷必須鎮壓在各地蠢動的黃巾賊，因此，又開始把武藝高超的英雄收納在官軍裡面；在王芬發動政變之後，重新整頓軍勢，把曹操封為典軍校尉（首都憲兵司令官）。

往昔，曹操被任為東郡長官時，他堅決辭退，但這次他再也不拒絕了。

曹操再度出仕的理由是——

◎政府的威信已經跌入最壞的狀態，如果再不伸援手，實在太危險。

◎那是武官的職位，喜歡武藝的曹操認為很適合自己。

曹操就任典軍校尉時，也有人勸他參加某種策動，但是，他仍然拒絕。

當時的宰相何進計劃掃盡宦官的勢力，因此，要求各地方的軍閥及京城武人協助。

曹操也在被邀請之列，但是，他反對何進的圖謀：

「宦官從很早以前就存在。只要巧妙地利用他們，他們仍然有很大的用處。欲鎮壓沒有武力的宦官，並非很艱難的一件事，大可不必把各地的武將都集合到京城。這不就等於要追趕一隻貓，而把一隻老虎放進中庭嗎？」

但是，何進並不相信曹操所說的話。想不到，曹操所說的話靈驗了。不久之後，何進受誅，袁紹、董卓、鮑信等軍閥制壓了京城。

◎政變絕對不能輕易掀起。

◎輕易讓各地的武將、軍團進入京城，乃是很危險的一件事，非慎重不可。

——曹操老早就認識到這兩點。

宦官大屠殺事件

★十常侍的襲擊

後漢中平六年（一八九年）四月，靈帝病死，其子劉辯登基。

妹婿靈帝死後，宰相何進感到他的地位岌岌可危。而且在宮廷裡，宦官十常侍那一夥人誇示他們的團結力，就算宰相也無法對抗他們。因此，何進想掃蕩宦官的勢力。

雖然何進遭到曹操的拒絕，但是，拉攏了在近衛軍服務的袁紹及袁術（袁紹的堂兄弟）。同時，他也對各地方的軍閥發出召集令，要他們統兵上京城。

那時，在武將裡面，有一些人控制著強力的地方經濟，而形成了軍閥的模式；也有的像董卓一般，因征伐羌族而聲名大噪，擁有龐大的私兵集團。

雖然靈帝的未亡人為何進的妹妹，但是，為了達成他的計劃，他恫嚇自己的妹妹，想拉攏她。

但是，何太后對於哥哥的暴舉，反而表示反對。

另一方面，在宮中成群結黨的宦官們為了保身起見，認為必須除掉元凶，因此，說服反對壓制宦官計劃的何太后，聲稱有一些事要商量，而把何進叫進宮裡。

何進認為太后是他的妹妹，妹妹叫他進宮談話，乃是很尋常的事情，於是，在毫無防備之下進宮。

何進一跨入宮殿大門，立刻遭到宦官收買的刺客襲擊，一下子就被砍下腦袋。刺客把何進的頭顱拋到城門外。

★化成地獄的宮殿

這時，在紫禁城門外，何進召來的袁紹等各地方的武將們正統領著兵士等待著。

等得焦急的武將及兵士們一看到何進的頭顱被拋出來時，立刻怒髮衝冠。他們奮力擊破城門，一鼓作氣，殺進了宮殿。

一時間，宮殿裡變成悽慘的屠場。衝進去的兵士們看到宦官時，不論老少都斬殺；有些兵士變成虎狼般，襲擊宮女。

這時，由於沒有鬍子而被當成宦官，慘遭斬殺的官吏也不在少數。有些官吏為了證明自己不是宦官，拉下褲子，顯示他的下半身，好不容易才逃出浩劫。

一場騷動下來，數千名宦官被殺。經過了這次浩劫，從後漢初期就控制朝政的宦官幾乎消失殆盡。

看著血流成渠，婦女遭到施暴，以及宮中金銀財寶飽受劫掠的慘況等，身處化成地獄的宮殿，皇帝與胞弟陳留王倉皇逃出，好不容易才逃到洛陽城外。他倆在那兒碰到董卓，在他的護衛下回到宮中。

董卓因為討伐異族有功，被任命為西涼刺史。何進叫他統兵上京，慢了一步，這時才抵達洛陽城外。

曹操並未涉入這次宦官屠殺的事件。

此時，曹操以典軍校尉的身分維護京城的治安。由於那時他並不在宮殿，因此，不知道有悽慘的大屠殺發生。

在這以前，何進也叫曹操跟他站在相同的陣線。曹操知道漢朝已瀕臨衰亡，但是想打倒推翻的話，時機還嫌太早。所以他並沒有成為當事者，因此，才能夠以比較清醒的眼光觀察這個事件。

但是，事態卻跟他的想法相反，往壞的方向發展。

第四章

登場扮演《三國志》的主角

暗殺董卓的失敗

★獻帝即位

在洛陽城外碰到皇帝，得以進入宮殿的董卓，生性粗暴，且力氣很大，武藝上也頗有一番造詣。董卓的軍隊很快就制壓了城內。他們有如饑餓的狼群般，在京城裡橫行，搶奪、殺人、強暴婦女、放火，做盡了壞事。

那時的洛陽有曹操、袁紹、袁術、丁原、鮑信等為數不少的武將。他們雖然都認為董卓太過專橫，但是基於以下的理由，不便與他正面衝突。

◎董卓挾持著漢朝皇帝。

◎董卓的軍隊由邊疆出身，性格粗暴的男子構成，實戰經驗很豐富，令人畏懼。

◎董卓異常蠻橫，跟他講道理也沒用。

在跟民主主義無緣的社會，那些以武力為背景的執政者，幾乎都具有獨裁的傾向。他們相信力量就是一切，不喜歡談判式的和平手段；他們急躁，喜歡自我本位的改革，唯我獨尊，偏好專制政治。以強大的武力為背景，進入朝廷的董卓也不能成為例外。他為了使自己的權力絕對化起見，不管群臣的反對，強迫皇帝退位，把皇弟陳留王奉為新皇帝。他也就是漢朝的最後一任皇帝獻帝。

★王允的計劃

由於董卓過於目中無人，行為非常跋扈，因此，有一些上京的武將憤然跟他絕交而回去。出自華北名門的袁紹就是最好的例子。

董卓那種叫人看不慣的不遜舉止，很早以前就碰過朝臣們的軟硬釘子。其中，尤以元老王允最為厭惡董卓的專橫殘暴。

回到家鄉後的袁紹寫了一道密函給王允，邀他一起打倒董卓。

有一天，王允藉口慶祝生日，邀請一些舊臣到自宅，再取出袁紹的密函給大夥兒瞧瞧，談及打倒董卓的事情。但是，參加集會者全是老文官，他們雖對董卓的行徑表示憤慨與悲哀，但都表示無法討伐有力的董卓。

其中的一個老臣如此說：

「像我們這一夥人，不曾握過刀劍，不曾帶過兵，再如何談論也沒有用。我們不妨請來典軍校尉曹操，再聽聽他的意見。」

「曹操？那個人能夠信賴嗎？」

王允如此追問，朝臣回答：「曹家代代為漢室朝臣，曹操有一身傲骨，具有一個能夠分辨善惡、是非之心，他絕對不會站在叛逆那一邊。」

於是，曹操就被請來了。

★暗殺失敗

來到王允家的曹操看到一屋子的人都在嘆氣、發牢騷時，如此說：

「像你們那樣嘆氣、發牢騷，根本就無法打倒董卓。關於打倒董卓的事情就委給我曹操吧！正好，董卓要任命我為驍騎校尉（奇襲部隊司令）。明天，我就去收拾他。王允老前輩，您不是有一把寶刀嗎？請借我一用。」

對於董卓的橫暴，曹操也感到忍無可忍。

從王允那兒借得名刀之後，翌日早晨，曹操到董府拜訪。那時，董卓仍然在寢室裡面，貼身護衛呂布就在他的身邊。

……這就不好辦事啦……

曹操如此想時，董卓大聲言道：

「孟德，是你嗎？我不是叫你一早就來取委任書嗎？你怎麼這麼晚才來呢？」

「因為，我缺少一匹好馬，一直在尋找良駒，所以耽誤了時間。」

「那麼，你找到好馬兒沒有？」

「還沒有呢……」

「你為何不早說？我從故鄉帶來很多好馬。奉先，你到馬廄找一匹好馬吧！」

董卓如此對呂布下令。眼看著岩石般魁偉的呂布背部，曹操如此想著：

……現在，正是最難得的機會……

肥胖而塊頭大的董卓對曹操說：

「那麼，你就在此地等一下吧！」

說罷，他躺了下來，以背部對著曹操。

就在那個瞬間，曹操準備去抽腰間的刀。

說時遲，那時快，董卓突然一骨碌爬起來，瞪著曹操說：

「孟德，你到底想幹什麼？」

到底是精於武術的董卓，雖然前夜荒淫而少眠，但是，他的警戒心仍然很高。

……不妙啦……

曹操在內心裡如此想著，但他的臉色不變，跪了下來，雙手捧著刀說：

「這次承蒙您的提拔，又送給在下一匹好馬，實在愧不敢當。這把劍是曹家祖先留下來的名器，為了表示感謝，我願意把它送給您，望您笑納。」

董卓仔細地拿著那把劍端詳。的確，那是很出眾的一把劍。這時，呂布已經回來了，因此，曹操就說：

「請您好好欣賞這把劍，我現在就去騎那匹馬兒。」

曹操如此說著，跳上呂布牽來的馬匹背上，打了馬兒一鞭，就飛奔到門外。

董卓有鑑於曹操的行徑古怪，又久久不回來，叫人去調查的結果，方知曹操已經飛遁到洛陽城外。

……那個臭小子，敢情想暗殺我！

董卓感到憤怒之餘，立刻把逮捕狀與人像圖分發到各地，下令凡是能取下曹操首級的人，將賞給白銀一千兩。

京戲有一齣叫《捉放曹》的戲碼。它有如日本歌舞伎《勸進帳》，乃是一齣著名的古典劇，描寫曹操暗殺董卓前後的一連串行動。

這一齣描寫曹操善於臨機應變，以及沈著態度的戲碼，很受到老百姓的歡迎。

從這時開始，曹操就成為《三國志》的主角人物。

寧我負人

★由陳宮所救

巧妙地逃離洛陽的曹操，喬裝之後，一路朝故鄉逃命。

但是，他的運氣不好，在接近開封的地方被捕，被抓到縣令面前。因為，曹操的逮捕狀及人像圖已經來到這個地方。

這個縣令叫陳宮，以前曾經在洛陽服務。

「啊，你就是曹孟德。你看，此地追緝你的有逮捕狀及人像圖呢！」

曹操以為陳宮會如此說，而且，縣令陳宮又是舊知，所以曹操言道：

「我道是誰呢！原來是陳宮。我被你抓到，你就立刻處死我吧！」

「你把我看錯啦！對董卓的專橫，我也非常憤慨。我對你的義舉很敬佩。」

陳宮解開曹操的繩子，對曹操表示，他願意參加相同的行動。

就如此這般，他倆由縣城一路逃向東南方。

★惡魔般的作為

幾天以後，他倆抵達今日的安徽省地界。此地離曹操的故鄉沛國不遠了。

「這個地方有一位我父親的結拜兄弟，名叫呂伯奢。我在年輕時多蒙他的照顧。我們就去拜訪他吧！」

於是，他倆拜訪了呂家。

「噢，你不就是孟德嗎？你逃得很好。如今，這個地方已經知道你謀殺董卓不成的事情，我正在為你擔心呢！」

呂伯奢歡天喜地地把曹操迎入，接著說：

「今晚，我們就痛飲到天亮吧！我到鄰村去買酒，你先休息一會兒。」

曹操跟陳宮按照吩咐，在屋裡休息。但是，呂伯奢卻遲遲不回來。曹操認為購買酒也不必專程到鄰村。當他越想越不妥時，突然從屋後傳來騷動的聲浪。

幾個男子啪噠啪噠地跑來跑去，一邊緊張地叫著：

「快點把他殺了，別讓他跑掉！」

聽到喊叫聲，曹操拔起腰間大刀，奔到後院，不分青紅皂白地斬殺了五名男子。

「客倌，你為什麼這樣做呀！為了請你喝酒，我那些兒子正想殺豬呢！你實在太殘酷了！」呂伯奢的妻子哭叫起來。

曹操定睛一瞧，後院的確有一隻豬。原來，那五個男子是想抓住這隻豬來殺。

「孟德，你太草率了……」

陳宮驚慌失措地說。

「不妙啦！我在沒有確定之下……」

曹操咬著嘴唇後悔。但是，他很快就恢復了冷靜，又拿起了刀，斬殺了呂伯奢的妻子與兩個女兒。由於曹操的動作實在太快速，連在他身邊的陳宮也來不及阻止。

「你到底在做什麼呀！」陳宮臉色蒼白地責備。

想不到，曹操卻很鎮定地回答：

「你很笨。要殺就得要殺光，才不會有後患。現在，我們快逃走吧！」

他倆急忙拉出馬匹，離開了業已人聲杳冥的呂伯奢家，快速逃命。

大約逃了兩里路，碰到拿著一罈酒回來的呂伯奢及僕人。

「咦？孟德，你怎麼啦？我專程為你去買酒呢！」

「叔叔，我不想連累您，所以我要走了。」

「你到底在說什麼啊！就算是有逮捕令下來，我也不會逮捕你。關於這件事，你應該知道得很清楚。」

「好吧！那麼，就打擾你一晚吧……」

曹操如此說著，讓開了一條路。呂伯奢往前的那一瞬間，他就以迅雷不及掩耳之勢又斬了呂伯奢，以及呂家僕人。

★不希望別人負我

在不及半個時辰中，曹操斬殺了十個男女。看著收下血跡斑斑的大刀，有如厲鬼般站立的曹操，陳宮嚇得面無血色，以悲傷的聲調說：

「孟德，你是個很可怕的人。剛才是誤殺，但這一次實在太殘忍了！」

「呂伯奢回到家的話，將引起一場很大的騷動。與其叫老人家悲傷，不如讓他現在斃命比較慈悲。」

曹操把大刀放入刀鞘裏面，以冷漠的眼光看著陳宮說：

「寧我負人，不希望別人負我。」（《魏書．武帝紀注》）

這句有名的話，成為曹操缺血少淚的一個惡評。對於徹底冷酷的他來說，這句話也真是道盡了他的真心。

然而，虛假的感情主義者比公然地說出這句話的曹操來，更叫人感到可怕。

如果冷靜分析，或許曹操顯得比較「老實」。

在戰爭及政治的世界裡，確實是「寧我負人，不希望別人負我。」

從曹操的無情，我們可以獲得一個教訓，那就是：

「既然要做一件事情，那就非徹底不可。半途而廢乃是最要不得的一件事。」

不過，不能以殺人做為比喻，因為那太過極端。譬如欲實行一種政策，所謂的例外都不能鬆懈，這件事情最為重要。

參加討伐叛賊軍

★曹操舉兵

暗殺董卓失敗的曹操，以逃犯的身分亡命時，在京城洛陽，董卓已經一躍成為相國，一手掌握朝政。「相國」乃是文武百官的首腦級人物，乃秦朝時設置。到了漢朝以後，幫助高祖取得天下的蕭何與曹參曾經擔任過相國之職。這以後，好像沒有人就這種職位。一直到後漢末年，董卓又使它「復活」。

或許，董卓認為在朝廷掌握實權的人最偉大，因此，才把自己封為相國吧！

董卓廢了前皇帝，再把他降為弘農王，但是，仍未感到滿足，終於毒殺了弘農王及他的生母何太后。就連武藝超群的曹操也殺不了董卓，是故，此時此刻，已經沒有人跟這個無法無天的傢伙唱反調了。

曹操回到故鄉以後，為了打倒叛賊起見，東奔西走，在中平六年（一八九年）十二月，終於集合了五千名年輕人起義。

★董卓從洛陽撤退

到了翌年正月，華北各地都組織了討伐董卓的軍隊。

渤海太守袁紹、其堂兄弟袁術、冀州長官韓馥、豫州長官孔伷、兗州長官劉岱、河內長官王匡、陳留長官張邈、東郡長官喬瑁、北平太守公孫瓚、山陽太守袁遺（袁紹的異母兄）、濟北宰相鮑信、長沙武官孫堅等都舉兵響應。

各地崛起的軍閥都組成聯合軍，以華北名門袁紹為盟主。其勢力達到二十萬人，而且，顯示出隨時都能夠攻進洛陽的氣勢。

曹操也統兵加入聯合軍，他隸屬於鮑信軍，任職奮武將軍而駐留於酸棗。

起初，董卓認為聯合軍只不過是烏合之眾，不足懼。但是，當探馬報告聯軍的先鋒部隊已迫近洛陽附近的汜水關時，董卓才在慌慌張張之下，動員二十萬大軍到前線。汜水關的守將華雄使聯軍感到束手無策；之後江南勇將孫堅殺了華雄，迫使董卓軍撤退到虎牢關。在《三國志》裡面，打敗華雄者為孫堅，但是在《三國演義》一書中，華雄卻是戰勝孫堅，而為關羽所斬。

到此，董卓認為停留在洛陽已無意義，於是擬定了遷都長安的計劃。

初平元年（一九〇年）二月，董卓在宮殿與街市放火，接著，從洛陽撤退。

★崩潰的聯軍

不論古今中外，聯軍或者同盟軍，兵力及裝備方面固然優於單獨的新興軍團，然而，統率力總是比較脆弱。每個部隊都拚命想保存自己的實力，只希望別的部隊打前鋒，而自己在後面享受戰果。

這個討伐董卓的聯軍也同樣缺乏強烈的一體感。而且，盟主袁紹缺乏統率力，又是屬於優柔寡斷之輩。當董卓帶著一大批官員、宮女等移轉到長安時，本來是展開追擊的最好機會，但是袁紹害怕董卓的威力，始終不敢進擊。

同時，由於不曾接到攻擊命令，並沒有一個人敢冒然追擊。對於這種不上不下的狀態，曹操一直在咬牙切齒——

「我們不是為了討伐叛賊來到此地嗎？為何遲遲不進攻？董卓在洛陽坐擁大軍，受到王室權威庇護時，確實不好對付。如今，董卓卻燒了宮殿，拖著太子想遷都到長安。這時不正是消滅他的最好機會嗎？絕對不能讓他逃脫。」（《魏書・武帝紀注》）

說罷，曹操就統領兵士，單獨展開追擊。

然而，那麼一小撮兵力並不管用，到了洛陽汴水時遭到反擊，終以徹底失敗收場。曹操中了流箭而落馬，所幸，堂兄弟曹洪及侍衛典韋奮力救助，好不容易才逃出虎口。

當曹操等人狼狽地回到酸棗時，聯軍竟在那兒唱歌、喝酒喧鬧。曹操很憤慨地說，應該立刻派出兵力追擊。但是，沒有人採用他的進言。

聯軍遲疑不前的期間內，董卓等人已經平安抵達長安。

初平二年（一九一年），袁紹跟部將韓馥協議，擁皇族劉虞為新皇帝，以期跟擁獻帝的董卓對抗。袁紹針對這一點徵求將領們的同意，但是，曹操表示反對——

「董卓之罪，四海皆及。我們統領大眾，舉義兵，使遠近響應的做法，乃是要動之以義。如今，幼主羸弱，為奸臣所制，但是，仍然沒有顯露亡國之兆。如果一旦改易，

又叫天下人如何心安？各位就面北吧！我本人則要面西。」（《魏書・武帝紀注》）

幽州位於聯軍北面，「西」指在長安的獻帝。皇帝的王座朝南，是故，「北面」乃是指盡臣下本分的意思。

也就是說……隨便更換皇帝，只會使天下民眾混亂而已。你們就擁北方的劉虞吧！我個人則要擁西方的獻帝……

——這是曹操充滿諷刺意味的回答。

擴充魏國領土的戰爭

★取得天下的三原則

討伐董卓的聯軍雖然佔領了空殼般的洛陽，但是，最重要的董卓卻抵達了長安，因此，再也沒有共同目標，以致很自然就瓦解了。

參加聯軍的軍閥們各自想擴充自己的領土，以致製造出了群雄割據的局面。

面對這種形勢，曹操再也不能把全副精神放在討伐董卓上，必須為了擴充領土而活動。因為，袁紹、袁術、公孫瓚、孫堅等一夥人都在致力於領土的擴充及利益的追求。是故，曹操認為自己也不能例外，非得致力於勢力範圍的擴大不可。

從此以後，曹操東奔西走，無非是為了建立魏國而努力。

曹操滯留於酸棗一段時間之後，為了攻擊猖獗一時的黃巾賊黑山軍起見，率軍抵達東郡；在擊潰了黑山軍以後，就順理成章地成為東郡太守。

初平三年（一九二年），董卓被他的護衛呂布為了美人貂蟬給殺掉了，曹操就移駐山東兗州，在那兒破了黃巾賊，捕獲了很多敵兵。這些被曹操俘虜的黃巾賊，號稱「青州兵」，後來成為曹操軍隊中的核心。

青州兵之一的毛玠如此進言——

在下認為——欲奪取天下，必須遵守如下的原則——

一、擁護天子。如此一來，就有舉兵的大義名分。

二、兵士最好採用農民。因為幾乎所有的人民都務農，他們才是強兵之源。黃巾之亂所以久久不能鎮壓，乃是他們出身於農村。

三、振興農業。如此方能提高經濟力。強大的軍備，基礎在於經濟力。

只要遵守這三個原則，又憑著主公的能力，必定能夠稱霸於天下。

曹操立刻採用這個進言。此後，曹操所實施的尊王奉帝、農業振興、屯田兵制度、富國強兵、人才登用等，不外是遵守這個原則。

★絕好的機會來臨

以山東與河北、河南為根據地，為魏國的安定與擴充奔走時，乃是曹操最為艱苦的年代。從三十五歲起約有八年之間，曹操吃盡了苦頭，終於克服困難，使魏國安定下來，成為華北的大國；同時，魏國的勢力也以新興勢力的活力，侵入軍閥的勢力範圍。

曹操三十七歲時，他的父親被軍閥陶謙所殺。於是，曹操就滅掉了在徐州附近的陶謙，替他父親報了仇。

殺掉董卓的呂布，強則強矣，但是，由於太沒有節度，曹操一向很厭惡他。到了建安三年（一九八年），曹操殺了呂布。

起初，曹操很禮遇劉備主僕，但是，自從劉備在都城參加董承等人的政變，失利後逃到徐州時，曹操就開始討伐劉備。同時，他也擊破了袁紹的堂兄弟袁術。

在董卓強迫之下，獻帝哭泣著遷都長安。當壟斷政權的董卓被殺，再也沒有壓迫他的人，天下大亂時，獻帝更為厭惡長安。

興平二年（一九五年），獻帝決心回到洛陽。他只帶著少許隨從逃出長安。董卓的部將——李傕、郭汜等人為了奪回獻帝，在後面追趕。

這時，曹操就在洛陽附近。機不可失，荀彧、程昱等人如此說服他：

「主公，趁著袁紹還未出現以前，我們必須擁護皇帝進入洛陽。」

獻帝一夥人雖然逃出了長安，但是在中途受到李傕軍的軍勢所威嚇，倉皇地逃入洛陽。落難的漢朝皇帝並沒有獲得任何軍閥的援助，就連食物也感到缺乏。

翌年正月，曹操決心擁護皇帝而進入洛陽。對獻帝以及他的側近來說，彷彿在地獄碰到觀音菩薩似的。

曹操不僅補給食糧，同時為了維護皇室的體面，展開了財政方面的援助。龍心大喜的獻帝封曹操司空、車騎將軍等官位，並且也封他為費亭侯。

曹操擁護了漢室，並且樹立了一個體制——那就是，把不服從他的人看成政敵。

第五章

華北的統一

與名門袁紹對立

★重視「實際」更勝於「虛名」

興平二年（一九五年），後漢的末代皇帝回到洛陽。當曹操欲領兵進入洛陽時，袁紹的軍師沮授曾經向他進言——

「欲在天下稱霸，擁護皇帝比什麼都重要。只要樹立大義名分，諸侯就會自動表示服從。如今，漢室在洛陽受困，我們必須趕快到京城援助獻帝。有心的武將必定跟我的想法相同，我們絕對不能落於人後。」

但是，生來高傲，又優柔寡斷的袁紹並不表贊同。

……就算不如此做，憑我的名聲以及袁氏一族的顯赫，諸侯的主將必定會對我表示敬意。就算現在慌張地趕到京城，也只有浪費食糧及經費而已。如果獻帝感到困難，他會派人來通知我。在那以前，最好按兵別動……

袁紹並不理解，所謂對天下發號施令的本質是什麼？

袁紹比起曹操來，不管在財力、武力、人才，以及血統方面，都佔上風。如果他跟曹操採取同樣動作的話，漢室必定會傾向他這一邊來。
就算袁紹拿不定主意時，曹操已經進入洛陽。
數月以後，曹操有鑑於洛陽太過荒廢，遂擁著獻帝到附近的許都。為了報答曹操的傾力幫助，獻帝委任曹操為大將軍，並且，有意封他為武平侯。
不過，獻帝仍然希望有力的袁紹在他身邊，因此，準備授給袁紹太尉的官位。
雖然同樣是軍事的最高職位，但是，大將軍高了一級。一向傲氣凌人的袁紹不喜歡比曹操低的官位，因此，拒絕了委任令。
為此，獻帝感到不知如何是好。曹操看在眼裡，表示願意把大將軍的位子讓給袁紹，他自己願意屈就司空，並且兼任車騎將軍。
其實，宮中的序列只是形式，實際上處在皇帝身邊者才能掌握實權！

★荀彧的分析

如今，曹操在漢朝的地位已經鞏固。袁紹由於遲疑不前，以致吃了虧。
眼看著曹操擁護獻帝，袁紹感到焦急，因此，他對漢皇及曹操提議說，許縣充作京都實在太狹窄，不如遷都到他根據地的領城。

……現在如果把皇帝交給袁紹，一切都會化成泡影……

曹操如此想了以後，不等獻帝回答，立刻拒絕。

就如此這般，袁紹與曹操之間開始冷戰。

擁護漢室遷都以後，曹操的威信與權力日益增高，以致袁紹心裡如此想著——

……如果不趁著現在把曹操這顆「嫩芽」拔掉的話，不久之後，他很可能會變成一棵大樹呢！

由於嫉妒加上焦急，平常優柔寡斷的袁紹也不得不站立起來。

到了建安五年（二〇〇年），袁紹終於跟曹操對決。

以古時的中國來說，在展開大規模的戰爭前，都會宣布其目的與意義，再對天下公告大義之道——也就是一種宣戰布告。

袁紹命令祕書也是文學者的陳琳，到處散發書寫曹操壞話的檄文。在這篇檄文裡有如前面所敘述過一般，把曹操的父親、祖父貶得非常低。

曹操拿到了這篇檄文以後，感到憂心如焚，因此，他問取荀彧的意見。荀彧本來是袁紹的軍師，因為遭到冷落，才來投效曹操。

如果比較領土的大小、經濟力、兵力、人才，以及家世，那麼，號稱四代三公（四代連續出過最高官位的司馬、司空、司徒三公的名門）的袁紹，當然佔著壓倒性優勢。

「曹操雖然是新興勢力，但是他敵不過袁紹。」

——這就是當時世人的看法。

號稱具有「輔佐王者之才」的戰略家荀彧很清楚袁紹、曹操兩個人的長處與短處，因此，他這樣分析——

「戰爭的勝負由首腦人物的器量大小來決定。關於這一點，只要看看古來的歷史就不難明白。」

接著，荀彧又針對著——

◎決斷力

◎見識

◎臨機應變的才能

◎領導能力

分析兩個人的不同，做下結論——

「不管是哪一點，主公都佔上風。以上述的四點來說，主公都勝過袁紹很多。主公輔佐天子，展開正義之戰，在這種情形下，誰敢反抗主公呢？時到如今，袁紹的強大已經沒有任何用處……」

荀彧所說的話，無形中給曹操很大的勇氣。

在這年二月，袁紹動員步兵十五萬、騎兵十五萬，首先攻擊黃河北面的白馬。其統帥為袁紹軍中號稱第一強的顏良。

號稱曹、袁一決雌雄的「官渡之戰」，乃是指這一次的白馬之戰、五月的延津之戰，以及十月的官渡之戰。

這時，曹操四十五歲，不管是以一個武人來說，或者是一個政治家而言，都是處於成熟的時期。

官渡之戰

★袁紹戰敗的五個原因

在三國時代，以小制大的戰爭典型有兩次，一次是官渡之戰，另一次為赤壁之戰。「官渡之戰」乃是指曹操對袁紹之戰，曹操因為戰勝而成為華北的霸主。

一方是只擁有少數兵力的新興軍閥，一方是統領大軍的名門之後。在戰前，眾論對袁紹比較有利。但是前後三次戰爭，袁紹被打得潰不成軍。
距離這次戰爭的大約一個月以前，曹操統兵攻打小沛城的劉備，把劉備打敗，逮捕劉備的妻子與關羽回到京城。
那時，也正是東破曹操的最好機會。袁紹的軍師田豐如此進言——
「我們可以趁著曹操不在，攻打許都。這是千載難逢的機會。」
但是，袁紹卻以兒子罹病為藉口而不想動彈。
田豐敲打著他手中的拐杖如此說：「獲得千載難逢的機會，卻由於嬰兒的疾病失去機會，實在太可惜啦！」（《魏書．袁紹傳》）
黃河以北的袁紹軍好不容易渡河，攻擊魏的白馬城。這也就是官渡之戰的開始。
在白馬、延津、官渡三地，袁紹都戰敗，連大將顏良、文醜都犧牲了。我們姑且不論其經過，先來看看曹操勝利的原因。
一、**巧妙地驅使游擊戰及奇襲戰，使得作戰成功**。
自古以來，兵力薄弱的軍隊欲獲勝的話，當以善使游擊戰與奇襲戰最有效果。
曹操很巧妙地運用這兩種作戰方式，儘量分區突襲擊破敵軍。兵力多而自信滿滿的袁紹完全被這種作戰方式所擊潰，東奔西走以後，仍然全軍覆沒。尤其是延津、白馬兩次戰役更是如此。

二、**袁紹過度相信實力，曹操則正視危機**。

名門意識很強烈，又佔著壓倒性優勢的袁紹一向輕視半路出家的曹操。另一方面只有十分之一兵力的曹操一向很正視危機，一直覺悟著戰敗的話，只有滅亡一途。

換句話說，只有十分之一兵力的曹操，不管在何時何地，都正視著危機，憂慮到兵力的懸殊，因此，拚命去跟任何困難搏鬥。

三、**曹軍急襲重要的補給基地——烏巢**

在最後一場戰鬥時，袁紹以烏巢為補給的基地，在那兒囤積了很多兵糧。不過，防禦力卻十分薄弱。

獲得了這項情報的曹操，立刻對烏巢展開奇襲，燃燒掉很多兵糧及軍需物質，使得戰況一夕之間扭轉乾坤。

四、**在人才的使用，尤其是參謀的使用上，袁紹遠非曹操之敵**。

袁紹只會固執己見，並不研究兵法及帶兵方式，又不聽部下的進言，一向採取感情式的作戰方法。由於他的這種作風，能幹的人才——荀彧、許攸、張郃、高覽等名將都跑到魏國，甚至連田豐、沮授等軍師也出走。

相對地，曹操卻是善聽部下的意見，甚至巧妙地驅使敵方的降將。戰爭拖長了以後，魏國方面也陸續產生困難，就連曹操也感到疲憊，以致考慮到撤退。

這時，荀彧如此鼓勵曹操——

「如今，主公以少數兵力跟多數兵力的袁紹周旋。如果不把對方打垮，我們就會全軍覆沒。現在，正是一決雌雄的最好時機。」

曹操受到這段話的鼓勵，增強了他略顯疲憊的內心。他就是如此這般，很善於使用軍師與參謀。

五、曹操相信他會勝利而支撐下去。

曹操一直相信他會獲勝而戰鬥下去。然而，袁紹卻是忽三忽四，尤其是烏巢基地的補給被燒掉以後，他的意志很明顯地頹廢下來，終於完全崩潰。

★下很大的賭注

以官渡的對陣來說，袁紹軍方面比較有利。因為兵力的差距太過懸殊。曹操正感到束手無策時，許攸趕來投效曹操。

許攸告訴曹操，袁紹把糧草集中地設在烏巢，而警備又比較鬆弛。曹操為了扭轉戰局，下了一個大賭注。

在十月下旬的某一夜，曹操統領精銳奇襲烏巢。這一次的作戰很成功，袁紹軍隊的補給基地瓦解崩潰了。

袁紹獲知烏巢被奇襲時，慌張地把兵力分成兩路，使其中的一路前往救援。但是一切被燒盡後，派出援軍也是徒然。由於補給基地崩潰，作戰方式錯誤，袁紹軍完全崩潰，大將袁紹來不及穿上戰甲，就著平常的衣服渡過黃河，逃往北方。

就如此這般，「官渡之戰」在曹軍大捷之下閉幕。

殘敵的征討

★譙縣的布告書

逃亡到黃河以北的袁紹，在兩年後的建安七年（二〇三年），由於失意而去世。號稱華北第一名門的袁家從此以後有如下坡一般，逐漸夕陽化。

在「官渡之戰」獲勝之後，曹操為了擴充魏國的領土而盡心竭力。因為他擁護漢室，袁紹這個大勁敵又倒了下去，如今，再也沒有足以對抗他的勢力。

建安六年（二〇一年），先前被曹操打敗，後來逃往袁紹那邊的劉備，跟關羽等人重新會合，又開始活動了。因此，曹操再次統兵南征也是將劉備再次打垮了。戰敗的劉備逃往荊州，而變成劉表的食客。

回到京城的途中，曹操先回到故鄉譙縣，發出如下的布告書——

「我為天下萬民起了義兵。很遺憾的是，在我麾下參戰的故鄉壯丁幾乎都殉了國，如今，在市街裡行走，幾乎都不能看到熟悉的面孔。這實在是一種叫人難以忍受的悲哀，因此，我能夠體會到遺族的心情。

「正因為如此，我要採取如下的恤兵措施。

「一、子弟戰死而沒有後繼的家，找出他們的親戚，使之成為後繼者。

「二、對於子弟戰死者的家，一律給予良好的田地及耕牛。

「三、為遺族的子弟設置教育機關。」

曹操如此下結論——

「生存者建立廟宇，祭祀其先人。只要英靈有所感激的話，百年之後的我，就不會有所遺憾了。」（《魏書．武帝紀》）

以曹操來說，這是表示他對戰死者的無盡追思。只要亡靈對他有所感激，他就是身死，也了無遺憾。

曹操聽到袁紹憤而死亡時，他就想掃滅袁氏一族。翌年三月，終於率兵進攻袁紹遺孤的居地鄴城。

袁家原本就以鄴城為勢力地帶，因此，以此地為中心展開抵抗。正因為如此，曹操強烈地展開攻擊。

建安十年（二〇五年），曹操殺了袁紹的後繼者袁譚，完全佔領了鄴城。

袁紹的遺子袁熙、袁尚兩個人逃到遙遠的長城之外，接受異民族的保護，但是不久之後，也在當地被殺。

如此這般，袁氏一族完全消滅，曹操把他的領土劃歸魏國，建立新的政治秩序。

袁紹任他的外甥高幹為并州長官。由於高幹始終對新的征服者不服從，曹操在建安十一年（二〇六年）討伐了他。

★新屯田制度

曹操的出身地為接近華中的沛國，而魏國的疆土本以現在的山東、河南為根據地，在合併了河北袁紹的領地之後，領土大增，以致，目前的政策已經無法應付。

於是，曹操就創立屯田制度，擴大生產，為增大的領土建立經濟制度。

「屯田制」乃是以往毛玠為了振興農業而向曹操進言的制度，曹操很大膽地採用。

這種屯田制度在洛陽等地發揮了很優異的效果，因此在魏國領土內，農業生產有了顯著的發展。

如此這般，在官渡的勝利五年之後，曹操消滅了袁氏一族，在內政方面則大幅度地提高生產力。到了建安十年（二〇六年）左右，魏國的領土已包括了河北、河南、山東，以及安徽的北半部；華北地域幾乎都由曹操所統一了。

征伐烏桓

★制壓異民族

在進擊袁氏一族時，曹操獲知一件事情，那就是——袁紹的領土跟長城附近的異民族領地接連，因此每逢形勢不利，袁族就會逃入異民族的領土。

事實上，袁熙、袁尚兩兄弟就逃進烏桓國。如果他們逃入異國再也不回來的話，那倒罷了，問題是他們逃入異國之後，仍然從那兒虎視眈眈地看著魏國的領土呢！

這種情形，一直叫曹操寢食難安。縱然沒有這種情形，在控制了河北以後，魏國已有很多地方跟北方的騎馬民族為鄰了。

往昔這種騎馬民族被稱為匈奴，很擅長於騎馬跟弓箭術。而且，動輒就侵入關內，威脅到關內人民的安全。這也難怪，漢朝自從高祖劉邦以來，一直都在想著對付北方騎馬民族的方法。

曹操痛感到，為了魏國的安寧，非得打倒北方的異民族不可。

那時，長城以北的騎馬民族匈奴勢力已經衰退，如今，最為強大者乃是烏桓。他們的領土從山海關延伸到現在的內蒙古、外蒙古一帶，建立了很強大的獨立國家。

後漢建安十二年（二〇七年），曹操統領大軍征討烏桓，殺了其酋長蹋頓，以及烏桓所保護的袁熙與袁尚兩兄弟。

這一次的烏桓討伐，不僅殲滅了袁紹的殘黨，同時，從異民族的統治之下，解放了自東北至內蒙古一帶的人民，給這些地方帶來秩序與安寧。

由這件事，我們可以如此說——征伐烏桓，乃是曹操重要的功績之一。

★使用替身，觀察間諜

晉代的隨筆集《世說新語》介紹了曹操討伐烏桓的傳奇。

有一天，烏桓的單于（酋長）蹋頓派來友好使節團。那時，袁家的兩個年輕人剛到烏桓不久，以致，兩國的關係陷入「緊張的狀態」。

正因如此，這個使節團表面上是促進雙方的友好，骨子裡卻是來探查魏國的虛實；也就是所謂的「間諜團體」。

關於這一點，曹操比任何人都清楚。

到了使節團謁見魏王時，曹操忽然心生一計。他從魏軍裡面選出體格最魁偉而威風十足的部將，叫他坐上魏王的寶座；自己卻扮起副官的模樣，站在冒充他的部將身邊。

烏桓的使者也不是省油的燈，他很從容地走過並排的曹操幕僚之間，毫不遲疑地向前走，來到曹操的替身面前時，下跪說：

「拜見曹孟德大將軍閣下。」

他的言詞很慎重，但是，態度卻是堂堂然，完全沒有恐懼的樣子。不過，他時時有如偷窺一般，往一旁瞄了又瞄。

謁見之禮安然結束之後，使節團一行人回到了招待所。

那一夜，曹操令一個武藝高強的飛簷走壁者潛入宿舍，監視使節團。

進入使節團房間的烏桓使者或許認為沒有任何人而感到安心吧？因此，他對自己身邊的人如此說了一句——

「魏國的大將軍曹操只是身材龐大，並非卓越的人物。如果他真是曹操，魏國就不足懼了。倒是曹操身旁的副官才叫人擔心。我們必須調查那個男子的底細。」

飛簷走壁者聽了立刻把這些話報告曹操。

……嗯……那個傢伙具有可怕的觀察力。絕對不能讓他活著回去……

曹操立刻叫飛簷走壁者去殺掉那個使者。

「他雖然是敵人，但他是值得佩服的人。」

因此，很慎重地把使者的屍體送回去。

不久，曹操起兵征伐烏桓，而且，親自統兵攻破這個異族。

在遠征途中，曹操眺望著現在的渤海，作了一首《觀滄海》詩。

——關於這件事，將在下面敘述。

如此這般，在官渡之戰獲得大捷的幾年之內，北部從萬里長城起，南部到長江為止，曹操平定了很廣大的土地。在北部方面，且征伐了鄰界的異民族。

如今，在華北方面，已經沒有任何能夠對抗他的軍閥。

第六章 天下三分的形勢

興起南進之軍

★曹操進位丞相

後漢建平十二年（二〇七年）左右，曹操以河北為中心，幾乎統一了整個華北。這時，他已經超過五十歲。魏國的領土擴大了，以當時來說，已經邁入老境的曹操心中，尚有三個牽腸掛肚的問題——

1．對漢室的態度
2．對南方的展望
3．創立自己的王朝

在這三項中，關於一、二項，我將在後面敘述。其實，曹操已經胸有成竹，為了達成第三項，必須先克服統一全中國的難題。

正因為如此，曹操非得先考慮到第二項的南進政策不可。那時，中國的天下仍然很小，沒有像現在那麼廣大；但是對曹操來說，至少必須攻下盤踞於長江以南的吳國。不過，為了達到這個目的，必須先把長江以北的軍閥掃蕩殆盡。

建安十三年（二〇八年）六月，朝廷任命曹操為丞相。那時，獻帝只不過是一個傀儡而已，朝政早就在曹操控制之下。朝廷為了巴結這個實力者，只好贈送他最高的丞相地位。

在這一年七月，曹操發動了南征軍。

★制壓荊州

那時，長江以北的軍閥乃是意指擁有荊州一帶領土的劉表一族。

這個劉表原本是華北人，他武勇蓋世，靈帝駕崩之後，被任命為荊州刺史。從此以後，他一直鎮守荊州這個地方。

荊州是長江中游的穀倉地帶，不管是東吳要進入中原，或者北魏想染指江南，都得從荊州進進出出。

劉表坐鎮江北襄陽城，統領荊州。此地有很多食客及武人。

在中原及華北，自從董卓死後，軍閥與四路英雄都在相爭割據。同時，這個地帶又沒有黃巾賊搗亂，因此，變成一種緩衝地帶，多數落難的風雲人物都集中於此地。

武人中包括劉備主僕。受到了同姓之賜，劉備成為劉表的食客。在荊州期間，劉備以諸葛孔明為軍師。

當曹操跟袁紹在官渡展開存亡之戰時，劉表的部下韓嵩、蒯越等人認為曹操會獲勝，勸劉表向曹操靠攏。

但是，一向孤高且過度自信的劉表認為，根本就不必向曹操低頭，因此不聽韓嵩等人的勸告。

這件事也是曹操南征的一個理由。如果劉表聽韓嵩等人進言，向魏國靠攏，或許曹操就不會興兵攻打荊州。

建安十三年（二〇八年），在曹操起兵以前，劉表突然病死。劉表與他的妻子疼愛么子劉琮，因此，由劉琮繼位。長男劉琦則為江夏（長江沿岸的地名）太守。

曹操接近荊州的襄陽時，劉琮懾於曹操的勢力，不戰而降。劉表在去世以前，為了防範魏國入侵，叫劉備率兵防守出城南口的新野地方。劉琦在事先未曾通知劉備之下，就擅自開城門投降了。

劉備冷不防遭到攻擊，以致大吃敗仗，一直逃亡到長江沿岸的夏口。

如此這般，興起南征之師不到幾個月之間，曹操已經掌握了荊州。侵入襄陽的曹操從此以後就制壓了長江以北，準備進攻江南的吳國。

曹操在準備進攻吳國時，做了如下的事情——

◎ **訓練水軍**

成長於北方的魏國兵士擅長騎馬戰，但是不習慣於水戰。就連軍官們也不熟練於水上作戰。對曹操來說，將士們非得習慣於水上作戰不可，否則怎麼過江？因此，曹操本身也投入水上戰術的訓練。

◎ **建造戰艦**

長江的江面很寬廣，對生長於北方的魏軍來說，看起來就跟海洋一般。以致，欲渡過長江，非得有很多戰艦不可。曹操集合了很多製造戰艦的工匠，趕緊造船。因為，軍隊渡江必須使用很多戰艦。

赤壁之戰

★吃了大敗仗

追趕劉備而來到長江沿岸的曹操，佔領了江陵（南郡），準備進攻吳國，並且送給孫權挑戰書。

「……上次，我奉勅命南征。荊州的劉表已經去世，後繼者劉琮投降，因此，我支配了荊州。

「如今，我的遠征軍已經超過了八十萬，又一心一意在長江訓練水軍。我想渡過長江，跟將軍在貴國享受狩獵之樂趣，不知意下如何？」（《吳書・吳主傳注》）

懾於這封明目張膽脅迫式的書簡，吳國群臣都失了血色，紛紛提出悲觀的論調。只有賢臣魯肅向孫權進言：

「將軍如果向曹操投降，您將歸向何處？你不要受到眾議之惑，趕快下決斷吧！」（《吳書・魯肅傳》）

結果呢？孫權認為有聽取周瑜（吳國的第一戰略家）意見的必要，因此，召回了在鄱陽前線基地的周瑜。

這時，赤壁對岸的魏軍號稱擁有八十萬大軍，實在太誇張。但是，至少也有十多萬之眾。相對地，吳軍只有周瑜統領的三萬兵將，後面則只有劉備的三千名軍士而已。

由此可見，吳軍居於劣勢。

結局是，魏的大軍全滅，東吳獲得勝利。有如官渡之戰一般，這次戰爭又爆出了冷門，統領大軍的曹操竟然大敗。在此地我們就來看看，曹操何以會失敗。

★敗於名將周瑜

吳軍所以能夠獲勝，不外是統領水軍的周瑜善戰。

現在，我們就來分析曹操軍何以敗北。

第一、魏國兵士對水上之戰感到棘手。

關於這一點，有著周瑜仔細的分析，我們就來探究一番。

從鄱陽前線回到孫權所在地（柴桑）的周瑜，在緊急會議上如此說：

「曹操乃是憑藉漢丞相之名的叛賊。主公則統轄很多戰略方面的人才，以及英勇的武將，而且，又擁有繼承自父兄的廣大而強固的地盤。

「江東之地險阻，但是很豐饒。主公既然擁有如此有利的條件，當然就可以雄飛於天下，不必向曹操靠攏。

「況且，叛賊這種行動有如夏日撲火的蟲兒，根本就沒有投降的必要。」（《吳書．周瑜傳》）

周瑜如此陳述以後，瞪了那些說消極之語的將軍們一眼，接著分析魏軍的弱點。

◎魏國的北方並未完全被平定，仍然有後顧之憂。

◎魏國的兵士不善於水戰，雖然急急地接受了訓練，到底不能跟從小習於水性的吳軍相提並論。

◎從遙遠的中原被驅策來此地的魏軍兵士，在長途行軍後必然感到很疲憊，又不習慣於此地的水土，如今，必然有很多人病倒。

◎遠征軍都有補給線太長的缺陷。如今，他們必定苦於調用兵糧及飼草。

◎一進入冬季，長江就會刮起季節風，想渡過長江並非簡單的一件事情。

周瑜的這種分析，就算沒有百分之百說中，但也相差不太遠。

第二、曹操並沒有把握赤壁附近的氣象條件。

在平常，對戰爭很慎重、很重視情報的曹操，並沒有想到冬季接近時，通常會刮起從北到南的季節風，偶爾也會刮起從南方來的強烈江風。

子展開火攻。

第三、周瑜掌握了地理、天候的條件。

周瑜在擬定作戰計劃時，也把那種例外的日子考慮到，而且，利用這種刮逆風的日子展開火攻。

第四、曹操由於統領了大軍，以致稍嫌大意。

這次的主力是水戰，也因為水上艦隊太多，使他沒有考慮得很周到。如非這樣，他不可能輕易地吃了敗仗。

深知赤壁附近地形、河流的流動情形，以及特殊氣象條件的周瑜，在刮逆風的日子展開了大規模的火攻。

魏國的艦艇都使用鐵鍊子綁在一起。因為，兵士們不善於水性，就利用這種方式，防止他們暈船。

當吳國的小舟群變成火團一般衝過來時，魏軍的戰艦由於用鐵鍊子綁在一起，無法各自朝不同方向逃離。

風勢助長火勢，不久，有如紅蓮的火焰包圍了艦隊，把曹操的艦隊燒得精光。可憐的兵士們左決右潰，有的被燒死，有的跳進水裡淹死，幾乎在不戰之下全滅。

周瑜的作戰方式——利用刮逆風的日子展開火攻，獲得了空前的成功。

敗戰的處理

★在華容道發生的事

建安十三年（二〇八年）十一月。

《魏書・武帝紀》簡單地記載著這一次的敗戰。

「公到赤壁與劉備戰，無利。是以疫病大為流行，吏士死者無數，乃統軍歸。」

曹操在赤壁跟劉備交戰，但是輸掉了。不幸，疫病又流行，官吏士卒死亡不少，是故，統軍撤退。

為何只記載跟劉備交戰，不曾書寫跟重要的吳國水軍交戰呢？關於這一點，我也不清楚。禍於疫病大流行，死亡了很多人，乃是大謊言。實際上是艦隊群被焚燒，使得多數士卒喪了命。

反正，「最高統帥部發表的戰情」，不管在哪個國家，都會掩蓋敗戰的原因。

那時，曹操是在陸上，或者在船上？不得而知。總而言之，他帶了少許側近，好不容易地逃到北方。

在《三國演義》第五十回，關羽在「華容道」放走曹操。這個所謂的《華容道》，以中國的古典戲劇來說，乃是一個很重要的戲碼。現在，我就把它介紹出來。

建安十三年冬季，在赤壁慘敗的曹操帶領著少許側近，沿著陸路朝北方逃命。前一步登陸的西蜀軍，就在那兒部署了捕捉曹操的陣勢。軍師諸葛孔明指示部將們應該出陣的地方。

作戰天才者諸葛孔明之布陣，彷彿是銅牆鐵壁一般。在這種情形之下，再狡猾的曹操也甭想逃出去了。

在諸葛孔明的作戰計劃裡，他有意在華容道的山頂捕捉曹操。

以張飛、趙雲等勇將為始，部隊長的姓名一個接一個被叫出來，每一個人都歡天喜地地準備出陣。

但是，蜀軍第一名勇將關羽的名字，卻始終不曾在孔明的嘴裡叫出來。感到焦急的關羽以驚訝的表情問：

「軍師，我的部隊應該配置在哪兒？」

「這個……這個嘛……」

諸葛孔明有些遲疑地說：

「關羽將軍，這次你就留在本陣吧……」

「什麼？本陣？這到底為什麼？如此的話，怎能捕捉或者殲滅敵人？」

自尊心很強的關羽以為軍師無視於他的存在，而露出不悅的表情。

「不是如你所想那樣。將軍在追擊戰及捕捉作戰方面是最為英勇不過的。」

「既然如此，為何叫我留在本陣？」

「只有這一次，請將軍不要出陣。」

於是，諸葛孔明說出了八年前關羽與曹操的關係。點明很重義氣的關羽之性格，道出——一旦曹操要求的話，關羽一定會念在以前的那一段情分，放走曹操。

在一旁的劉備聽了諸葛孔明的這段話之後也點點頭。於是，力勸導關羽留在本陣。

但是，關羽並不同意。他要求諸葛孔明，如果他看在昔日的情分放走曹操，請依照軍法處罰他。正因為關羽如此要求，諸葛孔明才允許他出陣。

曹操在九死一生之下逃出戰線，甩掉尾追他的蜀軍，傷痕累累地逃到華容道附近。

曹操認為翻越那座山就安全了，再也不必提心吊膽。但是，當他看到那兒已經有蜀軍把守，而指揮官又是關羽時，不覺嚇了一大跳！

此時上刻，曹操認為大勢已去，於是，他在關羽馬前跪了下來，幾乎把頭垂到地面，要求關羽將軍放過他。

「我懇求將軍，請看在昔日的情分，放我一條生路吧……」

關羽聽了仰天嘆了一口氣，默默地放走曹操。

接著，關羽自綁，回到本陣要求處刑。

面對下跪的關羽，諸葛孔明親自為他鬆綁……

「關羽將軍，換成是我，我也會那樣做的。你快起來吧！」

諸葛孔明寧靜地如此說。

這一齣古來就極著名的戲碼《華容道》，所表現的是關羽跟諸葛孔明的厚道、重義氣，同時也在強調曹操的命不該絕。

不管這個《華容道》是否真實，曹操在赤壁之戰大敗，而逃回北方則是事實。

★三年間的自重

回到都城約三年之間，曹操始終未曾起兵。或許，他已經無法起兵了吧？因為，他的所有軍隊幾乎都被殲滅殆盡，使得他不得不重新整備軍勢。

為了富國強兵，他採取了如下對策——

◎提高生產力，圖謀農業的振興。

◎使往日的屯田制復活。這種制度表明，士兵加入軍隊後，並不一定要奔赴戰場，有時，可以營屯田兵駐於各地從事農業，謀求部隊食糧的自給自足。

◎縮小官僚機構，朝向小政府邁步。

◎發布『求賢令』、『述志令』等，公開政府的求才若渴。

◎建築豪華的銅雀台，宣傳主政者為和平主義者，愛好文學、藝術，並且希望過安定的生活。

曹操如此這般的遠離戰爭，又致力於內政的復興，因此很快就獲得了效果。財政改善，人民也可以暫時享受和平的生活。

曹操之所以不出兵，採取把注意力朝向國內的政策，一言以蔽之，不外是赤壁的敗戰給他的打擊太大。

在此之前，曹操雖然在個別的戰鬥中被打敗過，仍然能夠步上他希望的道路。但是，這次敗戰帶來的打擊未免太大。

基於這個意義來說，一向過得很順利的曹操彷彿是頂門被插了一針似的。

經過赤壁之戰後，兵勢傾頹的曹操為了處理敗戰後的事宜，以及蓄積新的力量之故，在整整三年之內，不曾對外國用兵。

三國鼎立

★吳、蜀的充實

在赤壁大戰中，獲勝與得到好處者為吳與蜀，而吃盡大虧者為戰敗的魏國。戰勝國的東吳大幅度的使它的勢力安定下來。從此以後，東吳擁有了橫跨江南與江東的廣大領土。由於長江構成天然的障礙，使東吳與江北分隔。

中國的第一大河長江，下游寬得幾乎看不到對岸。就以中游的武漢一帶來說，想渡到對岸也不是容易的一件事。以古時的帆船、平底船來說，更是如此。

三國時代還沒有裝置引擎的船隻，因此，兩岸由滔滔的河流所隔開，渡河非常不容易。正因為如此，才有「赤壁大戰」魏敗的結果。

自從這次戰勝以後，已經沒有來自北方的侵略者，是故，只要東吳不去侵略他國，人們就可以過和平的生活。

物產豐富、民情質樸的東吳，一向由孫氏一族（兵法家孫子的後裔）擔任領主。孫堅與他的大兒子孫策開拓了領土的大半。孫策死後，廣大的領土以及一批優越的人才就留給第二個兒子孫權。

號稱治國名君的孫權，利用得自於父兄的地盤與人才，把東吳建立成更為強大的國家。由於赤壁之戰的勝利，國內政治的基礎更為鞏固。

建安十年（公元二〇七年），劉備三顧茅廬之後，終於得到軍師諸葛孔明。就任軍師之後，孔明提出「天下三分之計」的戰略思想。針對吳國，他如此說：

「控制長江以南之地的人，乃是東吳的孫權。東吳受到長江的天險所保護，土地肥沃，生產力也相當高。而且，孫權擁有很多能幹的人才。

「正因為吳國擁有這些優厚的條件，想攻入東吳的國土，實在非常困難。」

就連戰略天才的諸葛孔明也對東吳如此分析，可見，想侵入佔有地利、人和的東吳，實在是困難重重的一件事。

以前就相當安定的東吳，經過了赤壁之戰後，變成更為強大的國家。

★諸葛孔明的天下三分之計

一直到參加赤壁之戰的前夕，劉備並沒有固定的領土，就好像浮萍般到處流浪。

劉備仍然是劉表食客的期間，一直被任為新野城的防衛官，防止來自北方的侵略。

然而，新野城並非他的領土。

這以後，劉備遭到曹操的追殺，逃到長江北岸時被孫權所收留；在赤壁之戰時，屬於吳國周瑜的驥尾，擔任防守後路的任務。

這時，劉備雖然沒有國土，但是卻擁有關羽、張飛、趙雲許等多武將。

打完了赤壁之戰，劉備從東吳得到荊州的一部分為領土。但是，為了養活不斷增加的部下，這一小片土地已經無法供應。

赤壁之北有三座重要的城市：夏口（現在的武漢市）、南郡（現在的沙市。在夏口西方約兩百公里處），以及襄陽（現在的襄樊市。在夏口東北約兩百公里處）。

這三座城大約形成等邊三角形。

這個三角形地帶的平原，形成了連接中原、河南，以及江南的重要地域。三國時代的人稱此地為荊州。

在赤壁之戰以後，掌握荊州的劉備等人變成了東吳礙手礙腳的存在。

因為，荊州堵塞住東吳的北面出口，使他們在國防方面感到不安。針對荊州這個地方，西蜀與東吳不斷發生糾紛。

有一天，諸葛孔明對劉備如此說：

「主公，我們既然已經控制了荊州，那就應該更向西邊發展，朝益州伸展勢力。因為，北魏的曹操、東吳的孫權還未向那兒發展。」

諸葛孔明為了實現他的「天下三分之計」，很自然地想到進攻益州（蜀）。

現在，我們就來看看他的戰略構想「天下三分之計」。大致如下——

漢室的威信已墮地，各地都有群雄割據。

華北原來由曹操與袁紹所割據。但是，無論在人才的使用方式及性格、見識、智謀，還有戰略各方面，袁紹都遜於曹操，終於在官渡之戰吃了大敗仗，而被滅亡。

如今，華北由曹操所統治的魏國稱霸。想侵入這個國家，並非很容易。

對於東吳的分析，已見前述。

基於以上的理由，如果不能打進華北魏國，或者江南吳國的勢力範圍，只好在這兩國未著手的地域，締造新的國家。

這個目標的候補地也就是荊州，以及西邊的益州。

對於荊州方面，因為不止一次地說明過，是故，我不想再度敘述。

西邊的益州為高原、崇山所包圍的大盆地，土地肥沃，乃是從往昔就被稱之為「天府之國」的豐饒地帶。

在歷史上，凡是統治這個地方的人物，都能夠在天下稱霸。例如——漢朝始祖劉邦就以此為根據地，完成了天下統一的大業。

但是，現在該地領主劉璋生性愚拙，是故，很難以把那個地域治理好。

如果劉備想在天下雄飛的話，非得控制荊州與益州不可。如此一來，便可在那兒建立獨立國，跟北魏、東吳對抗。

這也就是諸葛孔明所抱持的「天下三分之計」大構想。

劉備就按照這種構想，在建安十六年（二一一年）兵進益州，三年後佔領成都，再以四川為中心，建立一個叫西蜀的國家。

結果呢？華北的魏，江南的吳，四川的蜀紛紛宣布獨立，天下就由這些國家三分；也就是說，出現了三國鼎立的局面。

一般人所謂的《三國志》也者，乃是描寫這三國歷史的作品。

第七章

曹操的晚年及死亡

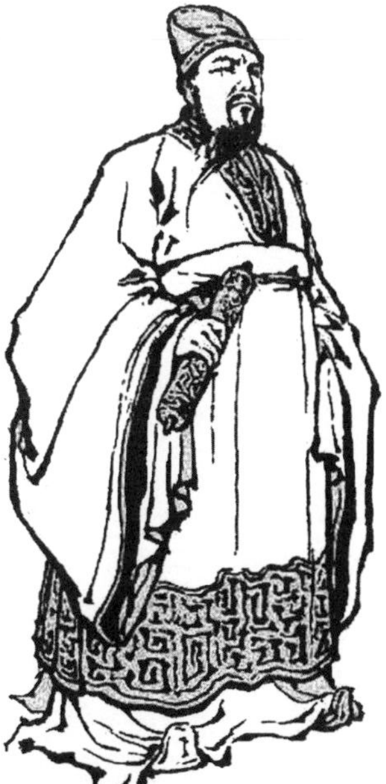

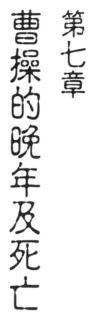

內政的整頓

★「求賢令」的布告文

自從在赤壁慘敗，逃回北方之後，曹操就力求國內政治的整頓，致力於政局的安定，並不急於整頓征討的軍事，以侵略他國。

關於這件事，我已經在前章敘述過，如今，我們就具體地來看看，在這個期間內，曹操所公布的條令。

建安十六年（二一〇年），曹操為了廣集人才起見，公布了所謂的「求賢令」。這篇著名的文章，乃是曹操親自所起草者，大略的內容如下——

「自古以來，創業的帝王，或者復興王朝的天子，幾乎沒有例外地，都會找出賢人君子，在他們的協助之下治理國家。而這種人才除非為政者積極地去尋找，否則，天下的人才是很難以被找到的。

「如今，天下還沒有安定。正因為如此，求取人才一事，就變成了當務之急。

「關於錄用人才方面，絕對不能附帶任何條件——例如非廉潔之士不可、非證明對方具有忠誠心不可、身分太低不能錄用等等。這一類的話是說不得的。

「如果那樣挑剔的話，在天下稱霸的齊桓公就不可能存在了；甚至穿著破爛，在水邊釣魚的太公望，以及漢高祖找到的有能者——陳平（據說，他跟自己的嫂子私通，又被非難收取賄賂）更不可能被找到。儘管有少許缺點，也應該使用看看。

「在這個世界，必定有不少懷才而不遇者。

「不管如何，務必找出能夠協助我的人才。唯有才能為推舉的標準。只要大家推舉，我必定會起用諸位中意的人才。」

這篇布告也就是表示——曹操不拘一格重視提拔人才。

善於使用人才，也就是曹操領導力出眾的最大特徵。他就如此這般，羅致了很多優秀的人才，並且，傾力地培育他們。

★「述志令」之誓

同年十二月，曹操從漢王室賜給他的領地中，挑出三個縣還給朝廷。那時，他發表了長篇聲明書，便是著稱於史的「述志令」，或者被稱為「明本志令」。

在這篇文章裡，他如此聲明——

「曹家為漢室的朝臣，一向以勤皇為家訓。正因為如此，對我來說，對漢室盡忠節，乃是我的義務；不管在任何情形之下，我都會對獻帝盡忠，守為臣之節。在此，我要表明，我絕對沒有簒漢之心。」

中國有一句話說——

「此地無銀三百兩。」

一個腦筋不靈光的男子，在庭院的一角悄悄地埋了三百兩銀子，但是他害怕被人盜走，以致感到坐立不安，終於豎立一個木牌，木牌上面就寫著：

「此地並沒有埋著三百兩銀子。」

這個男子以為如此做了以後，不會有任何人產生疑心。

曹操的「述志令」正與這一句「此地無銀三百兩」相似。

老早就超過五十歲的曹操已經頓悟到所謂的「天命」之歸屬。

對他來說，所謂「天命」，不外是——

「以曹家為皇室，對天下發號施令。」

他為了隱藏自己的真心，才發表了「述志令」。因此，他如此明言：

「忠君勤皇為我的義務，我絕對不會當皇帝。」

歷史的確依照曹操之言而推移。

不過在曹操死後，他的後繼者曹丕以獻帝「禪讓」的方式，就帝位，漢朝自此滅亡，誕生了魏的新王朝。

在本質上來說，曹操是叛臣，但是在表面上，他一直想豎立「忠君勤皇」的名分。身為謀略家的曹操，其本領就在此地。

為了內政的充實，以及確立他在魏國的首腦地位，曹操盡了全力。一向愛好戰爭的他，在這個時期之所以不曾引發大規模的戰爭，理由就在此。

忠臣或叛賊？

★董承的政變

曹操認為自己是漢室的朝臣，又聲稱自己為皇帝的忠臣，但是，一般人大都認為他是一個野心家，一個叛臣。

所謂「叛臣」，乃是背叛主君的在朝臣子，也就是出賣主君的別有用心者，可說是最為惡劣的在朝臣子。
為何曹操自認為忠臣，而卻被評論為叛臣呢？真正的原因在哪兒？
關於這一點，我想舉出歷史方面的事實。唯有這樣，方能看出他的本來真面目。
那時，有一個名叫董承的公卿，他的出身來歷不明，但卻成了獻帝的側近，在一個時期裡，還成為車騎將軍（警備隊長）。
當獻帝從長安逃回洛陽時，曹操第一個跑到獻帝身邊，擁獻帝而獨佔政權。然而，反對其做法的人相當多。
驅使力量與策謀控制人的獨裁者都有共通點。總而言之，看在皇帝側近們的眼裡，曹操跟董卓的本質完全相同。
於是，董承就活躍起來。
有一天，獻帝對曹操的專橫感到無法忍受了。因此，召見董承；在臨別時，還特地解開腰帶賜給董承。
事實上，此腰帶藏有一道密勅——
「誅殺曹操。」
歸宅後，董承才發現了密書。他對皇帝的密勅很感動。於是，祕密地集合同志，準備進行「倒曹」的政變。這些人裡面也包括劉備。

曹操感到四周的空氣不對勁，把那些想參加政變的人（除開劉備）一網打盡，並且殺了董承一夥人。這是發生於建安五年（二〇〇年）的事。

★殺皇后

關於這件事，獻帝一家都認為曹操做得太過火。經過了十多年後，獻帝與曹操之間的鴻溝越來越深。

建安十九年（二一四年），獻帝的皇后伏氏寫了一封信寄給她娘家的父親。在信裡，皇后提起，關於誅殺董承那件事，獻帝對曹操的專橫非常不滿；同時，對於曹操壟斷朝政，感到非常痛心及遺憾。

皇后在信裡強調，像曹操這樣的奸臣若不加以誅殺，漢朝就無法得救，希望父親能夠共謀大計。

然而，宮廷內外都由曹操一夥人所控制，是故，這封信自然也落入曹操的手中。

曹操看過信後，憤怒異常，於同年十一月，以皇后的父親伏完為首，誅殺其一族，再親自進入宮殿裡面，揪出了躲藏在房裡的伏皇后。

那時，皇后緊緊抱著獻帝說：

「救救我吧！」

皇后雖然苦苦哀求，但是，獻帝懼怕曹操，因此，只能囁嚅著說：

「我連自己的命也保不住啊！」

看著皇后被拖走，獻帝連一點辦法也沒有。

「天下怎能發生這種事呢！」（《魏書．武帝紀注》）

獻帝只能如此哭叫。

對於獻帝的驚惶失措，曹操視若無睹，完全不理睬。曹操把皇后關入監獄，數日後就把她也給殺了。

殺了伏皇后之後，曹操把自己的次女推薦給獻帝，由她當新皇后。

這年，曹操被獻帝封為「魏王」。

這件事是歷史上所記載的事實，就連正史《三國志》也有記載。小說《三國演義》則把曹操的專橫霸道，有如親眼看到一般，大大小小的事情都報導了出來。

曹操對漢皇室的真心，不難由這些記載判斷。

不管「述志令」寫得如何動人，那只不過有如衣服裏面穿著戰甲一般，根本只是自我標榜的言辭而已。

政治家常見的手段，乃是把表面的原則與真意分開使用。話雖然如此說，像曹操那樣冷酷無情地使用它們的人，實在很少見。

由這一點看來，曹操可說是古今罕見的大政治家。

最後的戰鬥——漢中爭奪戰

★討伐馬超

自從「赤壁之戰」以後，在還未把軍隊整頓好之際，曹操很少發動戰爭。但是在三年後，由於軍隊已經大致整頓完畢，於是，曹操又重拾舊好，啟動兵戎。

建安十六年（二一一年），曹操領兵向西北前進，進攻韓遂、馬超等人的軍隊。

剛開始時，馬超、韓遂跟楊秋、成宜、李堪等的西北軍閥聯合起來，反抗朝廷。那時，曹操驅使「離間計」，打垮了他們的團結，再一一把他們擊敗。

馬超將軍以勇猛善戰聞名，前後好幾次，曹操被挑起白刃戰，在渡渭水時遭到襲擊，屢次遭遇到毀滅性的危險。但是在一連串的戰爭裡，曹操仍然獲得勝利，馬超一族幾乎被消滅殆盡。

劫後餘生的馬超在對曹操充滿憎恨之下，投效劉備，成為他的部將。

★與司馬仲達的對話

跟馬超鏖戰之後，曹操又跟東吳交鋒。從建安十七年到二十一年為止，曹操跟東吳的孫權對峙，展開了幾場局部性的戰鬥。

所幸，部將張遼、李典等極為活躍，堂兄弟夏侯敦、夏侯淵兄弟，曹仁、曹洪等奮力戰鬥，終於在長江之北的合肥附近擊敗東吳，挽回了這個地域的安定。

到此，東吳從南方進攻的危險已經消失。到了建安二十年（二一五年），曹操朝西北進軍，跟西蜀展開了漢中爭奪戰。

這時，曹操已經六十歲，因此，再也不想過度地逞英雄了。他已經被封為魏王，事實上，又一手掌握朝廷的權力，是故，為了使他的後繼者曹丕建立屬於自己的王朝，他只要在鞏固基礎方面努力就行了。

對於進入老境的人來說，與其到戰場馳騁，不如在國內鞏固既有的地盤比較恰當。

但是，由於曹操長久以來一直在戰場馳騁，而且，又感覺到唯有如此，方能夠使他的日子過得有意義，是故，又開始轉戰於西北。

但是，這時的曹操已經沒有了往年的霸氣。

建安二十年（二一五年），曹操西征，討伐張魯。

魏軍戰勝土著軍閥張魯及援助張魯的蜀軍，很成功地佔領了漢中。

這時，曹操的幕僚司馬仲達如此說：

「劉備以虛言及武力捕獲了劉璋，取得了蜀地，但是，蜀國人並不對他心服。而且，在南邊的江陵，劉備又跟東吳的孫權爭鬥不休。如今，我們既然已經佔據了漢中，只要再向南進軍，西蜀就會動搖而瓦解。請千萬別坐失這個機會，快點下令進擊吧！」

想不到，曹操不但不答應，反而如此說：

「人最苦者，莫過於不知足。既然已經得到了隴右，為何又想要取得蜀地呢？」

（《魏書．武帝紀注》）

此「得隴望蜀」之言為後漢光武帝對武將岑彭所說的話。載於《後漢書・岑彭傳》實際上，以出在《晉書》者最為著名，被認為典於曹操跟司馬懿的對話。

很可能是熟讀古書的曹操那樣說。

所謂「得隴望蜀」，本來就是如曹操那樣充滿霸道者的人生觀。如果這種說法是真實的話，這時的曹操必定會以下面兩點回答——

◎從種種情勢看來，不宜從漢中再向西蜀進擊。或許，西蜀人民對新的主政者劉備並不心服。但是，再進擊的話，劉備必定會利用地理優勢拚死抵抗。因為，進擊西蜀的話，必須冒著補給線太長的危險。在這種情形之下，即使向天險的西蜀進擊，並不一定能夠獲得勝利。

◎曹操已經太老了。如果是往年的話，他很可能支撐下去，但是，在超過六十歲的今日，他已經不想跟自己過不去了。

★失去夏侯淵

建安二十一年（二一六年），曹操受封為魏王。翌年，正式以其後繼者曹丕為太子。接著，曹操又再度征西，跟西蜀的劉備交戰。

此前，漢中不是被曹操佔領，就是被劉備割據，到了建安二十四年（二一九年），曹操被劉備打敗，只好看破而回到長安。

北魏與西蜀爭奪漢中的最後一戰，也就是所謂的「定軍山之戰」。

定軍山乃是位於漢中郊外的山丘，魏軍就在此地及前面的天蕩山、南邊的米倉山囤積兵糧。同時，以中央的定軍山為兵站基地。

劉備為了追趕漢中的魏軍起見，首先，襲擊天蕩山。雖然魏軍的張郃將軍鎮守在那兒，但是由於寡不敵眾，張郃逃到定軍山，再跟鎮守在那兒的夏侯淵重整軍勢，準備迎戰西蜀軍的攻擊。

西蜀的老將黃忠在攻陷天蕩山之後，立刻領兵準備進攻定軍山時，軍師諸葛孔明叫他稍等一下，如此說：

「對方有張郃與夏侯淵兩員勇將，黃忠將軍難以抵擋。我方必須派出張飛將軍……」

聽諸葛孔明如此說，黃忠實在受不了！這不等於說黃忠不及張飛嗎？武將最忌諱聽到這種話。

因為，黃忠頑固地抗爭，諸葛孔明只好允許他出陣。

由於諸葛孔明的激將法，黃忠使出了渾身解數，終於用他得意的弓箭殺了夏侯淵，佔領了定軍山。

結果呢？曹操判斷再戰無益，於是從漢中撤退。

同年四月，劉備取得漢中，成為漢中之王。

這期間，在南方戰線方面，西蜀關羽被魏吳聯軍所敗，在麥城被東吳軍捕獲。

變成俘虜的關羽被帶到孫權面前。孫權愛惜關羽的忠勇，傾力要救他。但是，關羽嚴詞拒絕，終於罹難。

英雄的末路

★木精作祟？

建安二十五年（二二〇年）正月，曹操從長安欲回京城。抵達洛陽時，突然發病，以致完全不能動彈，終於踏上不歸路。那一年，他六十六歲。

臨死前，曹操留下幾句話——

「天下尚未安定，不宜遵守古法。葬畢，大家都除服吧！將兵必須屯戍者，不宜離開屯部。官員仍要遂行本身的職務。納棺時，我的遺體只要穿常服即可，絕對不要把金銀財寶放進棺木裡面……」（《魏書．武帝紀》）

那一年二月，曹操的遺體被埋葬於高陵。

曹操這個「英雄」由於生前太偉大，因此，關於他的死，也留下種種說法。

當曹操想在洛陽蓋宮殿時，為了拆掉那兒的一間祠堂，砍掉了旁邊的一棵樹。想不到，那棵樹流出了很多血。

看到了這種情形的曹操，感覺到噁心之餘，就如此死去。也有一種說法——曹操因為殺業太重，在這棵樹作祟以後立刻死去。反正，這種說法都沒有超越臆測的範圍。

一代英雄或者梟雄之死，總是免不了很多穿鑿附會的說法。掌握天下權力的梟雄之死，同時也象徵著新時代的開始。

★建立魏國

曹操死亡的消息一傳出，首都鄴城幾乎翻騰起來。那時，太子曹丕在鄴城，因此，沒能趕上為父親送終。

一切葬儀都委託給側近的賈逵。

當時，魏國仍然處於不安定的狀況，即使軍隊也顯得不安穩。曹操這個重心一旦消失，甚至很可能引起動亂。正因為如此，臣僚之間，有人提議把葬儀延期。

但是，賈逵卻斷然舉行了葬儀。

就在那時，曹丕的弟弟曹彰從長安趕來。曹彰問及魏王的印璽之類，賈逵如此說：

「魏王的印璽屬於後繼者所有。你並非太子，所以我不能回答你這個問題。」

然後，奉著靈柩回到鄴城。

那時在鄴城的曹丕聞到父親的惡耗時，當著眾人面前哭倒。看到了這種情形，侍從司馬孚（司馬懿之弟）如此勉勵曹丕：

「魏王已經亡故，天下的期待都集中於後繼者殿下的身上，您必須振作起來。」

賈逵等大臣強行舉行葬儀，並且使曹丕登上魏王的位置，好不容易恢復了秩序。

一代奸雄曹操突然之死，帶給了人們很大的震驚。所幸，由於大臣們的敏捷行動，把動搖的危機壓制在最小的限度。

曹丕就如此繼承了其父親之位，在那一年十月，以禪讓的形式逼退獻帝，自己坐上了一把手，號魏文帝。

到此，漢朝就完全滅亡，誕生了「魏」的新王朝。

文帝認為真正建立魏王朝的人乃是他的父親曹操，因此，給他父親魏武帝的謚號。

第八章

對曹操的評價

曹操不可思議的魅力

★岳飛與秦檜

曹操乃是具有不可思議之魅力的武將。

一般說來，在中國的民眾之間，曹操通常代表惡棍。中國人所謂的「奸雄」，都被歸類為邪惡的典型。

例如，北宋滅亡時，岳飛乃是盡忠報國的將軍，他號召全國人民徹底抗戰；但是，那時的宰相秦檜，處處都反對岳飛的主張。正因為如此，秦檜被當成典型的「奸臣」，而變成了民眾憎惡的對象。

一直到現在，在安徽省的秦檜墓碑，始終沒有人上香，或者供奉鮮花；過路人只會對墓碑吐口水，或者踢它幾腳。

另一方面，在杭州的岳飛廟，文化大革命以前，有秦檜夫婦下跪的像，參拜岳飛廟的人都會使用皮鞭抽打秦檜夫婦的像。那正是一幅鞭打死人的圖畫。

★超越惡名的人間味

號稱「奸雄始祖」的曹操，確實是惡棍的代表性人物。然而，說起來實在夠邪門，曹操並沒有那樣地被看待。

「的確，曹操夠壞，但是，他也是具有一種不可思議之魅力的英雄。」

——這正是民眾對曹操的看法。

元末明初，作家羅貫中所寫的《三國演義》裡面，蜀的劉備被看成正統，魏的曹操被當成叛賊，很徹底地被描寫成壞人。儘管如此，曹操仍然被當成：

「他確實是夠壞，但是，仍然有些可愛的地方。」

人們之所以會有這種想法，很可能是基於如下的特點。

◎曹操一向幹得轟轟烈烈。雖然同樣是壞胚子，但是，他並非小竊賊，而是做了一些天翻地覆的大壞事。那種規模之巨大，絕非凡人所能效尤者。

◎曹操確實有殘暴無人道的地方，但是，他卻幹了很多的大事。在那個群雄割據的時代裡，他在沒有背景及良好的家世之下，締造了北魏，並且使它安定，從而奠定了新王朝的基礎。曹操也在文學史上，建立了很大的金字塔。

——諸如此類，在歷史上留下很好的業績。

◎曹操毫不保留的展現他在戰略、政治方面，以及處世方面的睿智。而且，那些睿智帶著現實味，不管在任何時代及場所，皆能夠做為參考。

曹操的生涯因為具有這些特色，是故，一般凡人很難學習他，當然也就會成為被愛慕的對象。有時，對於一些在現實上受挫的民眾來說，曹操那樣波瀾萬丈的人生軌跡，將成為他們的夢以及希望。

◎嚴重受挫時，能夠保持沈著冷靜。

◎絕對不中途而廢，一旦決定要做某種事情，必定會冷酷地幹下去。

◎戰敗時也不會看破，一定會再接再厲地幹下去。

◎當對方仍然有利用價值時，他不惜低頭給對方優厚的待遇，逢到必要時，連自己人也會欺瞞。

——如此分析以後，就不難知道曹操是具有不可思議之魅力的人。

《三國志》真正的主角

★與勁敵劉備的比較

一提起《三國志》的主角，大家都不約而同地會想起魏、蜀、吳三國的首腦人物，但是，把曹操、劉備、孫權給予一番比較之後，就不難看出曹操穩操第一。

劉備被當成善人的代表，也被當成仁君的典型。

的確，劉備具有支配群眾的力量。他以具有漢室的血統而驕傲。在封建時代裡，這一點自然而然成為絕對的優越性。而且，他很有人緣。這種優越性與吸引力，使他具有驅策群眾的能力。正因為如此，不管在任何情形之下，劉備都有救星，使他能夠克服困難；有時，甚至有不招自來的人才。

同時，他的包容力很大，幾乎把所有工作都委給部下去做，從來不加以干涉。所以部下感覺到做事很有成就感，都把他當成仁君看待。

歷史家陳壽如此批評劉備：

「劉備為人弘毅寬厚，見識很廣泛，具有強烈的意志，富於包容力，能夠正確地評價一個人，對於他認為可重用的人才都給予禮遇。關於這一點，他具有漢高祖劉邦之風，亦具有英雄之器。

「不過，在權謀、術數方面不及曹操，是故，他的根據地也狹窄……」

但是，這只是偏頗的看法而已，事實上，劉備是很善於謀略的人。

劉備具有使大眾心服的能力，但是，劉備自我標榜其具有漢室的血統一事，並沒有確實的證據。劉備具有招來群賢的吸引力，這也是他一流的手法。實際上，不管在武力、才能、家世、背景、財力，以及策略等方面，沒有一樣拿得出去。

具有包容力，不嘮叨，也是劉備一流的「故弄玄虛」。實際上，他對部下的一舉一動都非常注意。現在，我就要舉出一個例子。

諸葛孔明喜歡才氣縱橫的年輕人。正因為有了這個癖性，他吃了不少虧。

馬謖是孔明偏袒的青年軍官，但在街亭吃敗仗時，卻因馬謖而蒙受很大的損害。

對於馬謖的才能，劉備從來就不給予好評。因此，劉備時常對孔明如此叮嚀：

「馬謖所說的話往往言過其實，不宜重用。」（《蜀書．馬謖傳》）

以對馬謖的看法來說，劉備的眼光比諸葛孔明正確。其實，劉備對部下的性格及行動，可以說相當敏感神經質。

劉備之所以看起來包容力很大，又不注意細節，不外是因為——他不直接去注意部下的緣故。事實上，他非常敏感神經質，而且，又善於謀略、策劃。

即使在「白帝城托孤」那件事中，劉備也不見得從內心對諸葛孔明說：

「如果我的兒子是不值得輔佐的蠢物，那你就替代他為皇帝吧！……」

因為，孔明忠誠篤厚，聽了劉備這句話，就算他歪了嘴，也不可能如此回答：

「好的，那麼，不才就遵命登上帝位吧！」劉備必定在如此算計以後，才心不由衷地那樣說。由此看來，他不就是善於謀略及策劃的人嗎？

關於劉備是很能幹的指導者這件事，很少人會提出異論。

事實上，劉備是無能而優柔寡斷之人，他既缺乏武力、策略，也不太懂文學、藝術，乃是一個平凡不過的人。

劉備之所以能夠登上蜀國帝王的位置，又能夠在幾次戰爭中獲勝，應該歸功於——關羽、諸葛孔明、張飛、趙雲等人的輔佐之功，根本就不是他自己的功勞。

由此看起來，劉備可說是凡庸的一個人。

★孫權的真實面目

那麼，東吳的孫權又如何呢？

孫權跟曹操不同。不管是廣大的國土、出眾的人才，無一不是得自父親孫堅，以及兄長孫策。

他不曾憑自己的力量爭得一片領土。至於人才周瑜、魯肅、張昭、陸遜等人，皆是繼承自父兄的家臣。至於孫權本身所得到者，只有呂蒙及諸葛謹罷了。

孫權的長處是比較拘謹、保守、忍耐性強。他能夠把任何事情委給他信賴的人，很熱心於培養人才。不過，孫權老背負著父兄的影子。

尤其有太多兄長孫策的影子。孫策被號稱為「江南小霸王」，武藝出眾，使吳國大幅度獲得發展。正因為如此，年輕時跟兄長從軍時，起初，孫權並不顯眼。

建安五年（二〇〇年），不幸被刺客襲擊而死的孫策，在西歸之前對側近的武將交代，必須好好擁護他的弟弟，再把印綬交給孫權說：

「率軍跟敵軍對決，向頑敵挑戰之事，我比你更行。但是，重用賢臣，固守國土這一面，你顯然比我強了許多。我死了以後，你要好好聽周瑜、張昭等人的話，好好治埋這個國家。我拜託你。」孫策就如此把國家交給他的弟弟。

孫權遵守兄長的遺言，確實把東吳統治得很好。

就如此這般，孫權只守著父兄所留下來的國土，比起自己辛苦地開闢國土的曹操、劉備來，存在感總是比較稀薄。

孫權是不知勞苦為何物的富家孩子。這也難怪大家只說他為治國名君，而並不去評價他做為一個人的價值。

★出類拔萃

如此看來，在沒有顯赫的家世、背景之下，能夠獨立獨步建立魏國，使它更進一步發展，與蜀、吳鼎立，支撐天下，再屢次攻擊西蜀、東吳，在天下稱霸的曹操，可說比劉備，孫權更為幹練。即使正史編者陳壽沒有指明出來，我們也知道曹操在策略、武藝這方面，實在比劉備高明了許多。

此外，像在領導力、性格、才幹方面，曹操也表現得轟轟烈烈，超越劉備相當多。

至於孫權方面嘛，由於他比曹操小了二十七歲，曹操始終不曾把他看在眼內。在赤壁那一戰，曹操固然慘敗，但是在這以外的戰爭，孫權總是輸家。當曹丕被立為太子後，吳國已經臣屬於魏國。

由此可見，在三國時代的帝王中，曹操最為傑出。

以個人方面的才能來說，武將及戰略家並不輸給曹操。但是，以綜合性能力來說，沒有一個人能出曹操之右。基於這個意義，曹操才是《三國志》裡真正的主角。

對曹操的不同評價

★陳壽的生平與其立場

在中國民間，曹操被當成稀有的大惡棍、一代奸雄。這種概念來自《三國演義》，以及戲劇、說書之類通俗作品。

關於曹操這個人的資料，主要來自《三國志・武帝紀》、《三國演義》，以及《三國志》裴松之的註解。

一直被當成基本資料的《三國志・武帝紀》在魏書（也稱為魏志）的最前面。在今日，它被當成正史。

《三國志》為陳壽的著作，包括三十卷魏書、十五卷蜀書，以及二十卷吳書。陳壽是西晉的歷史學者。西晉乃是在魏王朝後，司馬氏所建立的王朝。也正因為如此，他一向把魏王朝看成正統。

魏國的真正創始者為曹操，是故，武帝一向受到尊重，對武帝不利的言詞，當然不會在書中出現。

但是《三國志》的作者對蜀國也表示敬意跟同情。那又是為什麼呢？

原來，陳壽也是蜀國人，其父是馬謖的部下，「揮淚斬馬謖」事件中在場。蜀國滅亡以後，陳壽在當代大學者張華的推薦下，到西晉服務。不過，他在內心裡仍然懷念蜀國——他父親所服務的蜀國為舊宗主國。

正因為如此，原則上，他把魏國看成正統，但是在感情方面，他懷念蜀國，對劉備等人抱持著親近感。所以，對仇敵曹操，抱持著一種不能親近的冷漠情懷。

著者的這種心態，不知不覺地在他的作品中出現。因此，對於魏國武帝，雖然把史實承認為史實，但是，總是以冷漠的筆調描寫。

★裴松之與羅貫中的影響

裴松之為六朝的學者，他為《三國志》評注。

裴松之生存的時代，已經距離曹操的時代大約一百五十年，是故，不可能對曹操抱持親近感。

而且，他又為《三國志》加注，深受陳壽的影響。是故，一向以冷靜的態度看曹操。他為『武帝紀』加注時，亦是引用各種書籍的記載，介紹一些本紀所缺乏的異說，以及充滿非難的事情。

正因為如此，書中多見批評曹操的文章，以及嘲笑他的敘述。羅貫中所撰寫的《三國演義》為一種小說，以逗趣的描寫，以及古怪的敘述法為主旨。在小說裡面，主角必定是站在正義這一邊，而且都是善良的好人。主角的仇敵對手當然是為非作歹的惡棍了。

也就是說，曹操一直被描寫成惡棍。不知是幸，或者是不幸？這本書非常暢銷，以小說為描寫基礎的戲劇及說書，都很忠實於原著。是故，曹操就被當成惡棍的始祖了。

★文豪們的重新評價

北宋時代的文豪——蘇軾（蘇東坡）如此說——

「市鎮的孩子們都很喜歡聽說書及長輩所說的故事。逢到說書者說到三國時代的故事，只要聽到劉備戰敗時，孩子們就會咬牙切齒，甚至有一些人會淚眼滂沱。但是，聽到曹操戰敗時，孩子們都會拍手叫好。

「原來，孩子們已經把劉備看成君子，而把曹操看成小人。這種先入之見是久久不能消失的。」（《東坡志林》）

正因為如此，曹操老是被當成惡棍。

蘇東坡為著名的學者，當然也閱讀過萬卷書。由他對民間的曹操評價抱持疑問來看，就不難獲知——中國的一些有識之士對曹操有著不同的看法。

號稱近代文學之祖的魯迅，在一九二六年九月，曾經以「魏•晉的風氣，以及文章與酒、藥物的關係」為題，舉行了演講。現在，我要介紹其中的一部分。

「漢末、魏初乃是一個非常重要的時代，文學方面發生了重大的變化。

「那時，正是黃巾之亂、董卓叛亂、黨錮糾紛之後，而且，還出現了一個曹操。

「一提起曹操，大家總會聯想到《三國演義》，以及在戲劇舞台上出現的大白臉、黑心腸的奸臣，不過，這並非觀察曹操的正確方法。

「當我們回顧歷史時，往往會察覺到歷史的記載與論斷，有時是不能相信的。

「一個朝代比較長久的話，由於撰寫某人物歷史的人，也是屬於同一個朝代的人，當然就會儘量抬高那個人物。如果朝代很短，將由不同朝代的人所撰寫，當然也就會隨意地貶低那個人物。是故，很短的秦朝，在歷史的記載方面幾乎沒有一個好人。

「曹操生存的那個朝代也很短促，是故，有關他的一切都由後代的人所撰寫；而且，有如預料一般，把曹操寫成一個梟雄。

「實際上，曹操是一個很有才能的人，至少也應該稱呼他為『英雄』。

「請大家別誤會，我並非跟曹操屬於同典型的人，不過，我從內心裡尊敬他。

「最好的證據是曹操掌握了政權以後，就大幅度進行政治改革。

「第一、使刑罰嚴厲。

「第二、尊重每個人的個性。

「因為，曹操厭惡千篇一律。經過如此改革以後，他的行政就成功了。」

同時，魯迅也高度評價曹操在文學史上的功績。

我認為魯迅的這種說法很正確。

到了一九五九年，最具代表性的知識人物郭沫若如此提倡：

「應該在政治及文學方面重新評估曹操，以便恢復他的名譽。」

於是，中國大陸很盛大地展開對曹操的重新評估。如今，曹操已經被認為——

「他是非凡的政治家、卓越的軍事天才，以及理解文學藝術的人。」

以上，乃是中國人的「曹操觀」。那麼，在日本又如何呢？

★吉川英治的功績

日本人並不像中國人一般把曹操當成惡棍。以脾氣暴躁殺了很多人這方面來說，織田信長及武田信玄也一樣，不過，信長及信玄都留下了不少偉業。基於這個意義來說，撇開其性格不論，曹操也留下很大的功績。

以最近的日本來說，使《三國志》更為公眾化者，不外是吉川英治的《三國志》。在日本街頭巷尾流布的「三國志觀」，幾乎都受到這本書的影響。既然是《三國演義》的譯本，那就非忠實於原著不可。

正因為如此，吉川英治所描寫的曹操形象，全部都不可能超出原著的範圍。不過，吉川英治似乎以比較客觀的眼光捕捉曹操。他並沒有省略曹操在原著故事中的表現，而且，還承認曹操是優秀的領袖、卓越的英雄。至少，他的筆調是如此。

一般說來，日本的有識之士都想正確地捕捉曹操。

曹操的性格方面固然有問題，但是，我們不得不承認，他在兩千年前的社會，確實留下相當顯眼的足跡。

日本經濟團體聯合會會長——已故的石阪泰三氏是曹操的崇拜者。這以後的土光敏夫氏、稻山嘉寬氏，以及松下幸之助等人，似乎都頗能理解曹操好的一面。

在歷代領導者中，曹操是卓越的一個

★親自上戰場的領導者

曹操為一國之主。他所建立的魏國，幾乎佔據了華北全部，絕對不是一個小國家。在三國裡面，魏國最為強大，曹操的一舉一動都給予西蜀與東吳很大的影響。

比起中國歷代的皇帝來，曹操相當出色，他具有一般皇帝所沒有的長處。

曹操發揮出他強大的領導能力，指揮群臣。歷代的皇帝不乏平庸者。

曹操年輕時，看到逐步走上滅亡的平庸的漢朝皇帝，常常這樣說：

「上天要毀滅的人，不要去救援。」

即使在建立魏國之後，曹操仍然不時地鼓舞激勵自己，發揮出強大的指導力。關於這一點，比起歷代皇帝來一點也不遜色。

除了曹操之外，著名的皇帝唐太宗、漢武帝等人也曾經發揮過強大的指導力。比起這些皇帝來，曹操是有過之而無不及；而且，他的強烈指導力是由本身的自律行動所引發，並非像唐太宗、漢武帝，以及清朝的康熙帝一般，在採用了功臣們的意見以後，為了提高政治效果，才發揮出強大的指導力。

做為一國的指導者，曹操時常把眼光投到國外，藉此宣揚國威。

歷史上的名君——像唐太宗、漢武帝，清朝的康熙帝、乾隆帝等，都在經過遠征以後，向各國宣揚國威。但是，曹操跟這些皇帝最大的不同點是，他時常身先士卒，親自上戰場。至於其他皇帝則委任將軍們去討伐，自己並不親上戰場。

總而言之，曹操身先士卒，參加討伐，並且，向他國宣揚國威。

★懂得藝術

此外，曹操在內政方面也很盡力，尤其是對文學藝術方面有著深刻的理解；而且創造了「建安文壇」的中國文學史上的新紀元。關於這一點，其他皇帝大多難以做到。

當然在歷代皇帝中，像北宋的徽宗皇帝那樣，對於文學、藝術有著深度理解，自己本身也是文學者或是藝術家，具有優異的素質。但是，由於太沈溺於文學、藝術，趨向於文弱，因而，苦於外敵的侵略。

曹操是著名的武將，根本就沾不上文弱華美的邊。正因為如此，他才能夠把威信傳播到國外。如此看來，曹操實在是很卓越的「皇帝」。

第九章
曹操的文學

文壇的上乘贊助者

★建安文壇

後漢建安年間（一九六年——二二〇年）的文學有很多值得大書特書的劃時代作品。一般人所謂的建安文壇得以存在，乃是有曹操這位理解文學藝術的領袖之故。

當時，都城實力者曹操集合了所謂「建安七子」七名文豪—孔融、陳琳、王粲、徐幹、阮瑀、應瑒、劉楨，再加上他那愛好文學的兩個兒子——曹丕、曹植，組成了文學史上罕見的華美集團。

上述的那些文豪們，以曹操、曹丕、曹植等「三曹」為中心，建立親交，彼此切磋琢磨，每個人都把作品遺留於這個世界。

這個建安文壇的贊助者，也就是一手掌握政權的曹家人，尤其是當家作主的曹操。

★才能第一主義者

曹操一直固持著「才能第一」的態度。為了堅持這個原則，他從來不加入個人的感情及好惡。現在，我就要舉出一個例子。

建安七子中的文學家陳琳曾擔任過袁紹的祕書，屢次起草彈劾曹操的文章。在那些文章裡，他盡其可能地非難曹操。

對曹操來說，縱然把陳琳斬成八塊，也難消其恨。

這個陳琳是缺乏政治節操的人，袁紹一旦戰敗，他就投效曹操的陣營。

看到陳琳時，曹操憤怒地說：

「你把我的罪狀列出無所謂，但是，謾罵的對象應只限於我一個人。你為何要辱罵我的父親及祖父呢？」

到了這個地步，陳琳只有賠罪的分。同時，曹操再也沒有責備他，反而高評他的文才，把他列入建安的文才之一。

三曹及七才子們，把他們細緻的感情溶入文學作品裡面，一向很尊重個性，避免陷入千篇一律的窠臼裡面。

魯迅在他的長篇大論「魏・晉的風氣，以及文章與酒、藥的關係」中如此說——

「曹操反對頑固而保守的後漢風氣，主張通達。所謂『通達』，也就是指尊重個性而反對千篇一律化。

「曹操的這種思想影響了當時的文壇，因而產生很多表現作者真心的文章及美麗的詩篇。」

曹操的這種率真清新的個性，給予詩篇及散文揚溢著個性的華彩，在形式方面，使五言詩定了型。

建安文壇的作品，尤其是當時的詩篇，被稱為「建安詩」，一向被看成中國文學史上詩的原點，受到後世的文人及詩人很高的評價。

曹操對於文壇的支持，有兩個特點。

◎他在政治方面表現的個性，原原本本地被移到文學方面。例如——才能至上主義，尊重個性，反對千篇一律化等。

◎曹操在政治方面最成功的政策，不外是錄用人才，提拔具有才能的年輕人。在培養文壇的人才方面，他仍然採用這種政策。

曹操的詩

★橫槊的詩人

擁有四、五千多年歷史的中國，登基為「皇帝」者比比皆是。在這裡面稱得上大皇帝的人，大約有——始皇、前漢的武帝、魏武帝、唐太宗、元朝的成吉斯汗、忽必烈，以及清朝的康熙帝、乾隆帝等等。

在這裡面，具有政治手腕，又擅長於文武兩道者，可能以曹操為第一。

由於曹操爭奪天下，又是善於驅策人才的武將，以致被比擬為日本的織田信長、豐田秀吉，以及德川家康。坦白說，曹操比起這些日本武將來，更勝一籌。至少，曹操擁有他們所缺乏的文學才華。尤其是他的詩，更受到很高的評價。

曹操也被稱為「橫槊的詩人」。

也就是說趁作戰的間隔，在戰場操起橫槊作詩的人。事實上，曹操真的在戰場作了很多詩。關於他的雄姿，北宋文人蘇軾在《前赤壁賦》如此描寫。

「月明星稀，烏鵲南飛。」此非曹孟德之詩乎？西望夏口，東望武昌。山川相繆，郁乎蒼蒼；此非孟德之困于周郎者乎？方其破荊州，下江陵，順流而東也，舳艫千里，旌旗蔽空，釃酒臨江，橫槊賦詩；固一世之雄也，而今安在哉。

★詠嘆人生的無常

曹操好像作了好多詩文，但是，多數作品都已經散佚，現在，並沒有留下很多。不過，從少數殘餘下來的作品，仍可以窺見他的文才並不尋常。

曹操所寫的詩，都採取「樂府」的形式。

所謂「樂府」，本來是司掌音樂的政府機關名稱。當時，漢朝跟西域的交易很繁盛，而西域的樂曲不斷輸入，替代了當時的雅樂，成為流行的先端。

正因為如此，樂府也採用了西域的樂曲，從而，當時很盛行以嶄新的旋律唱出本來的歌詞及民謠。

曾幾何時，樂府所蒐集的歌詞也被稱之為「樂府」或者「樂府詩」。就如此這般，

「樂府（詩）」就變成漢代韻文的一種。如此一來，「樂府」再也不表示政府的機關，而是指——利用西域新曲調所唱出的歌詞及民謠。

曹操不斷地創作「樂府」。到了漢朝末期，「樂府」產生了嶄新的詩型。到了唐朝時，已經使五言、七言等的律詩定形。

以下，我要舉出一些曹操留下來的詩。

短歌行

對酒當歌，人生幾何；
譬如朝露，去日苦多。

慨當以慷，憂思難忘；
何以解憂？唯有杜康。

青青子衿，悠悠我心；
但為君故，沈吟至今。

呦呦鹿鳴，食野之苹；
我有嘉賓，鼓瑟吹笙。

明明如月，何時可掇；
憂從中來，不可斷絕……

越阡度陌，枉用相存；
契闊談讌，心戀舊恩。

月明星稀，烏鵲南飛；
繞樹三匝，何枝可依。
山不厭高，海不厭深；
周公吐哺，天下歸心。

★表示寬大的度量

前列之詩是在所有曹操的作品中，最為人們所熟悉者；也是樂府的一種形式。開頭，這詩在敘述人生的無常，寫得相當有力。尤其是說破——只有酒能夠消除人生憂愁的那一句最絕。

「青青子衿，悠悠我心。」「呦呦鹿鳴，食野之苹；我有嘉賓，鼓瑟吹笙。」等等名詩，借用自《詩經》。這件事顯示出作者古典的教養很深。

中段無非在表示，他想錄用卓越人才的心境。

在最後那一首則表示，對於卓越的人才，他會以高山、深海般的度量迎接。周公旦（姓姬，名旦）為了想獲得良好的人才，在洗一次頭髮之間，三次握著正在洗滌的頭髮會見客人；在吃一頓飯之間，二三次吐出含在嘴裡的食物，以會見來客。

正因為如此，曹操提出了為天下之人所仰慕的大人物故事，希望自己也能夠向周公看齊，廣攬良好的人才。

這首短歌可說道盡了曹操平時的人生觀。

曹操時時都在想，只要一個人具有才能，他就要儘量錄用。這首《短歌行》可說是跟他所布告的「求賢令」表裡一致。

★步出夏門行

東臨碣石
以觀滄海
水何澹澹
山島竦峙

樹木叢生
百草豐茂
秋風蕭瑟
洪波湧起

日月之行
若出其中
星漢燦爛
若出其中

幸甚至哉
歌以詠志

……後略……

這首詩題為《步出夏門行》，相當長，乃是曹操征伐烏桓時所作。「夏門」也者，乃是指洛陽西北的城門。

碣石山乃是能夠眺望渤海的名勝，不過，它的所在地卻不清楚。有人說，它是河北省昌黎縣的山丘；也有人說，它在六朝時代已經沈沒，如今已經不存在。

★毛澤東的引用

這首詩曾經被毛澤東《北戴河》的詞所引用。

往事越千年
魏武揮鞭
東臨碣石有遺篇

蕭瑟秋風今又起
換了人間

千年前的昔日，魏武帝北征途中，在臨渤海的碣石山留下詩篇。他在裡面歌詠的「蕭瑟之秋風」，至今都沒有改變，只是，人間卻已滄海桑田……毛澤東如此歌詠。果然，英雄最能識英雄。

這篇《步出夏門行》的最後詩句是這樣的——

神龜雖壽
猶有竟時
騰蛇乘霧
終為土灰

老驥伏櫪
志在千里
烈士暮年

壯心不已

盈縮之期
不但在天
養怡之福
可得永年
幸甚至哉
歌以詠志

這裡面的「老驥伏櫪，志在千里；烈士暮年，壯心不已。」乃是歌詠曹操雖老，心志仍然矍鑠的句子，為自古以來的名句，至今仍然被當成歌頌康健老人的祝詞。「驥」力是指一日能跑千里的名駒。

★明白兵士們的悲傷

很多人都說，曹操是無情的權力者。事實上，他也非常能夠體會別人的悲哀。以下的作品，充分表現出他的個性。

卻東西門行

鴻雁出塞北，乃在無人鄉；
舉翅萬餘里，行止自成行。
冬節食南稻，春日復北翔；
田中有轉蓬，隨風遠飄揚。
長與故根絕，萬歲不相當；
奈何此征夫，安得去四方。
戎馬不解鞍，鎧甲不離傍；
冉冉老將至，何時返故鄉。
神龍藏深泉，猛獸步高崗；
狐死歸首丘，故鄉安可忘。

聽著雁聲，看著風吹蓬草的情形，兵士們萌出無盡的思鄉之念。儘管如此，無名的兵士們仍然不能片刻放下手中的武器，不停地被驅到各處作戰。究竟到何時，他們才能回到故鄉？曹操寫出了兵士們的悲哀。詩裡面的「征夫」乃是指曹操本人。

在征戰中，曹操很理解兵士們的悲哀，並且把他們的悲哀寫成詩。以下也是詠出兵士無可奈何的情懷。

苦塞行

北上太行山，艱哉何巍巍；
羊腸坂詰屈，車輪為之摧。
樹木何蕭瑟，北風聲正悲；
熊羆對我蹲，虎豹夾路啼。
谿谷少人民，雪落何霏霏；
延頸長嘆息，遠行多所懷。
我心何怫鬱？思欲一東歸；
水深橋樑絕，中路正徘徊。
迷惑失故路，薄暮無宿棲；
行行日已遠，人馬同時饑。
擔囊行取薪，斧冰持作糜；

悲彼東山詩，悠悠令我哀！

這乃是寫討伐袁紹的殘黨，爬越太行山時行軍的艱苦。「東山詩」出自《詩經》，描寫出征兵士的勞苦，並寫等待丈夫的妻子之心境。曹操利用出自古書的「東山詩」，想到兵士們的勞苦。他透過饑寒及行軍，敘述出兵士們的悲哀。

曹操站立於叱咤三軍的立場，不管在哪一次戰役，時時以指揮官的身分參加。但他也非常理解最下層的——無名兵士們的勞苦。

不管是在行軍或戰鬥方面，兵士們所吃的苦都超過軍官。而且大部分士兵是被強行徵召，並且被驅到各地戰爭，不知道何時才能回到故鄉。

曹操非常理解士兵這種痛苦的心理，以致把這種悲哀寫成詩。曹操的這種人生，就是跟一般將軍最不同的地方。

曹操的文學觀

★文藝政策為國家的大事業

曹操不僅是傑出的政治家、戰略家，同時也是文學家。

曹操的長子，也是其後繼者的文帝——曹丕，亦是一名文學家，在他的傳記裡有如此的一段記載——

「我的父親喜閱讀詩文及古籍，雖然在軍旅中，仍然手不釋卷。他在休息時，時常如此說：『趁年輕時應該多讀書，因為容易記牢；年紀大時，讀書不易記牢而善忘。』」

曹丕也是富於文學才華的領袖。他留下了如此著名的幾句話——

「文章是經國的大業，不朽的盛事。年壽時至就盡，榮華只止於其身。此兩者有時盡，未及文章之無窮。」（曹丕《典論》）

撰寫文章一事，乃是關聯到治國的大事業，也是不朽的偉業。人的壽命有盡期，繁華榮耀也止於一代。而文章無限的生命絕非這兩者所能比擬。

所謂「文章是經國之大業，不朽之盛事」，乃是意味著文藝政策是治理國家的大事業，也是不朽的偉業。一向被當成一句至理名言。不過，這句話並非曹丕的創作。很顯然是受到其父影響的一句話。

★做人是很悲哀的一件事

對於理解文學及詩歌的曹操來說，「良好的文藝政策」也者，也正是政治上不能忽視的一種偉業。

根據《隋書經籍志》的記載，曹操的詩文集被冠以《魏武帝集》的名稱，總共約三十卷。經過了漫長歲月後，大部分已散失，如今，只留下三十幾首詩及少許文章。

現在，我們就透過曹操的詩來看他的文學觀。他的文學觀揚溢著如下的精神——

第一、揚溢著做為一個人的悲哀，以及無可奈何。曹操尤其喜歡以下階層人群（兵士及民眾）的悲哀與無奈，充當詩的題材。

曹操為一國的領袖，到了戰場時，也是處於指揮別人的立場。但是，他非常理解下階層人群的勞苦。是故，以他們的勞苦為寫詩的題材，訴說出「做為一個人的悲哀」。

正因為如此，那些詩才能夠打動人們的心靈。

第二、曹操想透過詩表現他的理想；尤其是希望能夠找到好的人才。以前面列出的詩來說，如《短歌行》等，更明確地表現出這種傾向。

第三、曹操又透過詩篇，表現出他對神仙的憧憬之心。生於兩千年前的他，對於神及死後的世界，帶著一種接近敬畏的感情。以現代的觀點來說，或許有一些迷信的感覺，然而，這也是一種無可奈何的事情。

同時，曹操的詩也有很多歌詠望鄉之念，以及旅人的悲哀。看起來像無情而獨裁的曹操，也有人情味的一面。關於這一點，並不只限於筆者感覺到而已。

第十章
曹操的領導力

獨裁式的領導

★說謊也是權宜之計

曹操領導力的第一特徵，也就是貫徹於「自我中心」。他以自己的想法為第一優先；說得明白一點，也就是貫徹於極端的獨裁式領導。

「自我中心主義」的領導方式，最大的特點在於毫不通融。

「寧我負人，而不希望他人負我。」

這種說法，十足表現出自我本位的做法，在某些時間及場合下，甚至對自己人也採取欺騙的方式。

以下的一個小故事，就是曹操為了顧全大局，對自己人運用謀略的例子。

曹操跟山東、河南軍閥戰爭的那段時間，可說是連氣也喘不過來的最痛苦時期。每天都是戰鬥及政治鬥爭的連續，除了在戰場跟敵人較量以外，必須保障部下的生活。因此，他完全不採取溫情的方式；有時，甚至必須對自己人使用策略。

從而，他甚至會顯示出冷酷無情的一面。

某次，曹操的城池被敵軍所包圍。城裡的食糧日益減少，士氣也日形低落。
曹操叫來管理兵糧的軍官，詢問他有否任何克服難關之策。
於是，該軍官想出了一個策略說：
我們就把斗秤縮小一些罷。對各部隊配給穀物時，利用這種縮小的斗秤量穀物，如此的話，兵士們的不滿可望減低。」
「嗯……這正是所謂朝三暮四的作法。」
曹操苦笑著，採用了這個建議。
在古時有一位叫狙公的國王，他飼養了很多猴子當成寵物。對這些寵物，他每天都給每一隻猴子七個七葉樹果實（早上三個，黃昏四個）。
因為日復一日都吃這種分配方式的果實，猴子們認為這樣不能填飽肚子，因此，表示不平地叫囂起來。
在這種情形之下，狙公想到了一個計策，改為早上供應四個果實，黃昏時則提供三個果實。這麼一來，猴子以為待遇獲得改善，再也不叫囂了。
基於這個典故，使用小小的詐術欺騙門外漢及局外者，被稱為「朝三暮四」。
熟讀過古書的曹操想起了這個格言之後，不覺苦笑起來。
想不到人算不如天算，不久，兵士們獲悉曹操在欺騙他們，減少他們的糧食。

曹操叫出了提議縮小斗秤的軍官說：

「除非你死，否則的話，將難息眾怒。」

驚訝萬分的軍官乞命時，曹操如此說：

「你就勉為其難吧！這就叫殺身以成仁。」

說罷，抽出腰間佩刀，一刀殺了那名軍官，把他的頭懸掛示眾。再如此布告：

「這個兵糧管理者故意縮小斗秤，偷走一些軍糧，是故，基於軍法處死。我軍的兵糧分配一向很公平。兵士們務必相信上司，不要動搖。」

從此以後，兵士們再也不曾鳴不平了。

★機智型的統帥

在某個夏天的下午，曹操的一隊人馬在很艱難地行軍。

那時沒有飲水，附近一帶更沒有水井及河川。以致，有很多兵士苦訴口渴而停滯不前。在馬背上看到這種情形的曹操，就大聲喊話說：

「大夥兒瞧瞧那邊的山。那兒有聞名的梅子園。只要抵達那兒，就可以吃到很多又酸甜又美味的梅子，到時，你們就不會口渴啦！現在，再提起精神來前進吧！」

聽到了這些話，兵士們嘴裡湧出了口水，精神倍增，支撐到有飲用水的地方。

曹操所說的「梅子園」根本就是謊言。就如此這般，曹操為了貫徹他的獨裁，懷柔部下起見，有時撒謊，有時運用一些欺騙的手段。

但是，曹操的自我中心太過了頭，有時，其部下並不能理解他的意思。

也有如此的一段小故事——

曹操到了晚年，在展開漢中爭奪戰時察覺到長期遠征並不能帶來什麼好處。有一天，軍隊中出了一道雞湯的食物。曹操凝視了碗裡的雞肋一陣子後，終於拿出了一張寫著「雞肋」的布告。

但是，沒有人知道它的含義。

全軍無法理解指揮官意圖的話，那就沒什麼意思了。在那時，只有主簿（書記官）楊修理解曹操的意思。他如此想著：

「雞肋這種東西想吃的話，也沒什麼肉，如果就那樣甩掉的話也不至於太可惜。這正意味著漢中。主公的意思是說，再待在此地也沒有任何意義，所以想撤軍。」

楊修如此想了以後，就著手於撤退的準備。

果然不出所料，幾天後，曹操就下令撤軍。

時到如今，這句話還普遍地被運用。

不過，楊修賣弄聰明，也惱了一向討厭人家洞悉他的心機的曹操，不久逮到了機會就將楊修給殺了。

而在那時，在好幾萬將兵中，只有楊修理解「雞肋」的含義。這事也表現出楊修的聰明與曹操應變能力的機智與靈活力。

人才的尊重

★捕捉關羽

曹操是才能至上主義者，只要他認為這個傢伙很行，就算對方曾經在敵人的陣營服務，他也會破例迎接。正因為如此，他的身邊集滿了出眾的武藝者、戰略家、政治家、學者，以及文人。在人才的數量及質量方面，曹操遠遠地超過孫權及劉備，是故，這一點就成了他超越東吳及西蜀，取得天下三分之二的一個原因。

曹操為了發揮他的領導能力，一向很重視人才的活用。關於這一點，我已經說過了好幾遍。現在，找就要介紹一個例子——

建安五年（二〇〇年）春，進入徐州的劉備一夥人正駐屯於郊外的小沛及下邳。那時，曹操為了袁紹軍的攻擊，把主力集中於官渡一帶，因此，劉備認為曹操不可能來到南方的徐州。

然而，曹操仍然親自統領精兵前來急襲。因為事出突然，劉備軍吃了慘敗，以致，劉備撇下家族，逃亡到袁紹那兒。

關羽在無可奈何之下，為了保護劉備的兩位夫人向曹操投降。

★不去追擊關羽

曹操一直很欣賞關羽的剛勇及忠心耿耿的性格。

正因為如此，回京都以後，曹操立刻把關羽當成貴賓禮遇。他答應關羽的要求，絕不去干涉劉備兩位夫人的生活，且供應他們豪華的生活。

這時，曹操對關羽恰有如戲劇及說書所表現的一般：「三日一小宴，五日一大宴。」以及「上馬給金，下馬給銀。」等等優遇。而且，還把呂布的愛馬「赤兔」送給關羽，博得關羽的好感。甚至鼓勵關羽踏上仕途。

然而，關羽只感謝曹操的好意，始終不曾變更他的節操。

關羽在斬殺顏良與文醜（袁紹軍的兩名大將），對曹操報恩之後，把曹操贈送給他的金銀財寶原封不動地退回，並且，留一封離別的信函給曹操，帶著劉備的兩位夫人，逃回劉備（在袁紹那兒）的身邊。

當關羽逃脫的消息傳到魏軍的前線陣營時，部將們都大驚失色。

曹操阻止了正想追擊關羽的幕僚。他如此說：

「關羽也是扶其主而已，不要去追他。」——（《蜀書．關羽傳》）

曹操對關羽的知遇之恩，乃是戲劇裡最常表現的一個情節。舉此例而概其餘，曹操一向很禮遇具有能力的人。

冷酷無情

★謀士荀彧的悲劇

曹操很擅長於役使人才，為了使這些人能夠充分發揮才能起見，他有時採取激勵的手段，有時也利用責罵的方式，讓他們發奮圖強。

對具有才能又立下功績的人，曹操都忘不了論功行賞。

不過，有一點值得注目的是——

「曹操絕非單純的溫情主義者。」

欲獲得曹操禮遇，必須具備如下的條件。

◎不犯原則性的錯誤。

◎在忠誠方面，絕不可啟人疑竇。

◎還有利用的價值。

如果不具備這些條件，曹操立刻就會辭退對方。不管在過去功績多顯赫的人物，他都會冷酷地甩掉對方；有時，甚至把對方逼到死地。

「徹底的無情與冷酷」正是曹操領導的本質。現在，我們就來看一個例子——自幼就被稱為「王佐之才」的荀彧背叛他一向輔佐的袁紹，於初平二年（一九一年）投效曹操。那時，曹操很欣喜地抓著荀彧的手說：

「你是我的子房。」（《魏書．荀彧傳》）

「子房」乃是指輔佐漢高祖劉邦的參謀——張良的字。劉邦對張良非常激賞。

「在帷帳中運籌使策，能夠在千里之外決勝者，乃是子房的滔天之能。」（《史記．留侯世家》）

曹操把荀彧與張良相提並論，由此可見，曹操的內心是何等欣喜。

荀彧也有如曹操所期待一般，輔佐了他，為在官渡之戰喪失信心的曹操冷靜地分析了兩軍的狀況，並且，鼓舞、激勵士氣，對魏軍的勝利大有貢獻。從二十九歲當參謀長以後，他就協助曹操積極地奪取天下，成為魏局興盛的最大功勞者。

等到曹操於洛陽迎接了獻帝，一手掌握了政權以後，凡是有關軍事、政治的一切關乎大局的事，曹操都請教荀彧。

荀彧是不折不扣的勤皇主義者，對漢朝始終盡著臣節。至於曹操呢？原則上雖是勤主，但是在內心裡並非如此。這一點就是他倆截然不同的地方。

建安十七年（二一二年），曹操積極地想從天子那兒取得爵位。荀彧不表贊同而如表此表示他的意見：

「主公，您之所以舉兵，不是要重建漢室的威信，使國家安定下來嗎？正因如此，對皇室必須有忠誠之心，同時也要堅守謙讓之德。所以，您不應做那種事。」

曹操預料荀彧必定會贊成。結果卻出乎他的意料之外。是故，他感到很不高興。

……對皇室的態度，我跟荀彧有很大的不同。看來，這個人已沒有利用價值……

曹操如此想了以後，立刻贈送東西給荀彧。

荀彧打開曹操送來的盒子，發現裡面空無一物。他凝視著空盒子如此想著：

……主公已經不要我了。贈送空的盒子意味著死亡吧！

於是，荀彧就服毒自殺。

翌年，曹操在沒有任何人反對之下，登上魏王的爵位。

就連被讚揚為「王佐之才」的荀彧，到了晚年也被曹操所厭惡。

★自傲帶來禍端

建安七才子之一，在學問素養方面號稱當代一流的孔融，乃是孔子的二十世子孫。

孔融幼小時，他的才能就獲得很高的評價。對漢室忠心耿耿的孔融，被曹操找到之後，擔任了宮中的管理官，周旋於魏與朝廷之間。

孔融確實擁有才華，不過，自我意識太過強烈。他在內心裡如此想著——

◎我是孔家的嫡系，為儒學的主流；我必須繼承正統。

◎孔家代代為「王者之師」。我是執政者之師，也是社會的啟蒙者。

如此這般高傲的孔融，對首腦級人物也以是非分明的態度對待，甚至對曹操也不客氣，所以老提出他痛切的意見。

關於自我意識很強烈這一方面，曹操也不落人後。孔融確實有能力，也有功勞，但是，由於孔融的自我意識太過強烈，曹操看他的眼光也就日漸變得嚴厲。

所謂的「拂龍逆鱗」者，也就是表示去惹怒有力者，或者帝王，而孔融正是時常去惹怒有意於帝位的曹操。正因為孔融是當代的一流學者，又功勞卓著，開始時，曹操一直抑制自己的感情，但到頭來，他忍無可忍，終於把孔融處死。

——以上，就是荀彧及孔融的例子。除此以外，使曹操再也不能信用而被殺的臣子當然不在少數。

逢到緊要關頭時，曹操會貫徹他的冷酷無情。這也就是曹操驅役人的訣竅。

奉先垂範

★自己動手削髮

曹操很擅於役使人才，但是一言以蔽之，他的「幕僚操縱法」實在「很嚴格」。他是無以倫比的獨裁者。

雖然他很重視才能，但是，如果部屬對自己的才能感到揚揚得意，很可能會被曹操一腳踢開。因此處在他麾下的人，必須不斷保持緊張才行。

像如此這樣的嚴格頭子，如何能夠對天下發號施令呢？如何使部下跟隨他呢？

這個謎就在曹操本身的做人方法。

曹操不僅對他人嚴格，對自己也相當苛求。

在戰場時，他率先垂範地遵守軍律；以宰相之位治國時，也是率先垂範，有時甚至處罰自己。

正因為他的做法嚴正，部下及人民才會跟隨他。

現在，我要舉出曹操率先垂範的例子——

曹操採用毛玠的進言，徵召農村出身者為兵士，並且致力於農業的振興。

行軍時，曹操總是嚴厲地對全軍說：

「絕對不能踏殘麥田，違反者將嚴懲。」

正因如此，兵士們逢到麥田時就下馬，一面用手扶著麥叢前進。

曹操本身在走過麥田旁時，照樣下馬走路。

想不到有一天，不知何故，曹操的愛馬突然發起脾氣來，跳入麥田裡面，踏踐了將要收穫的麥。

曹操命令軍法官定他的罪。

軍法官很尷尬地說：

「從古時就有一種說法，罪不及尊者……」

曹操卻答覆說：

「那怎麼成？定軍律者自己犯了罪，若不問其過，如何讓眾軍心服。」

曹操如此說罷，抽出了佩刀，割下自己的頭髮，並且給麥田的主人超額的補償。

★節省克己的人

曹操是個很節約的人，日常生活都很樸素。因此，宮中侍女並不穿有刺繡的衣裳，鞋子都是單一種顏色，帳子及屏風等家具破損後，都在修繕後再使用；寢具方面只注重保暖性，不使用絲被，被單並沒有鑲邊等裝飾。

在法律方面很嚴正，絕對不寬免應判死罪的人。但是在執行死刑時，曹操本身也會流淚，並且為死者悲嘆。

攻陷敵城，擄獲戰利品時，都賜給有功勞的人。對於必須犒賞的人，曹操不惜千金；但是對於沒有立下任何功勞的人，則不給一文錢。

逢到他國有任何貢品時，絕對不佔為己有，都跟臣下分享。

對冠婚葬祭方面，曹操主張樸素。因此，時常說：

「在冠婚葬祭方面，誇耀奢華的風習，實在太過火了。」

——這些話都出自《魏書．武帝紀注》。

曹操是冷酷無情，動輒就役使部下的人。但是，仍舊有很多人跟隨他。這是因為他本身節儉，又率先垂範的緣故。

第十一章

曹操身邊的人物

曹操的兒子

★神童・曹沖的故事

自古以來，英雄好色，曹操也無法免例，他也跟很多女性生了一群兒女。根據《魏晉》的記載，單是男孩就有二十五個。事實上，恐怕不止此數吧！

如果將二十五個曹操的兒子都寫出來的話，恐怕沒有什麼意義，因此，我只想介紹曹昂、曹沖、曹丕、曹彰、曹植這幾個多才的曹操之子。

在眾多的兒子裡面，最受為曹操矚目者，乃是他跟環夫人所生的曹沖。這是一個生而伶俐的孩子，懷抱著不輸給成年人的智慧，素有「神童」的美譽。

曹沖比曹丕小九歲，比曹植小四歲。曹操意中的繼承者就是他。《魏書》記載了一些有關曹沖的生平。有一天，吳國的孫權送給曹操一頭大象。群臣第一次看到這隻龐然巨物時都嚇了一跳。不過，他們都看不出這隻大象有多重。

當一夥人束手無策時，幼小的曹沖如此說：

「量取大象的重量是很簡單的一件事。首先，把大象載在船上面，再於船腹下沈的地方做上記號。然後，再把石頭堆積到使船沈到那條記號的地方。最後把那些石頭秤一秤，合計起來不就行啦？」

曹操果真按照曹沖所說的方式，量取了大象的重量。

還有以下的一則真實故事——

有一天，保管兵器的士卒發現放置於倉庫的曹操的馬鞍被老鼠咬壞了。曹操定下的軍律很嚴厲，因此，負責保管的士卒已覺悟難逃一死。

當士卒想到曹操面前自首時，曹沖對他說：

「你等三天之後，再自首吧！」

曹沖用刀把自己的衣服穿洞，彷彿被老鼠咬破似的，再無精打采地走到曹操面前。

「你怎麼啦？為何苦著一張臉？」

經曹操如此一問，曹沖就回答：

「一般人都說，衣服被老鼠咬破以後，衣服的所有者就會碰到不吉利的事情。因為老鼠咬破了我的衣服，所以我感到非常煩惱。」

「那只是迷信罷了，不足為信！」

曹操笑了出來。

不久，負責保管武器的士卒來自首。聽到了報告的曹操笑著說：

「就連放置在身邊的衣服也被老鼠咬破了呢！更何況放置於倉庫的馬鞍。你就不用為此操心啦！」如此一來，該士兵並沒有受到任何責罰。

曹沖就如此這般，很有慈悲心，又富於機智。正因如此，有數十個命危的人獲救。

曹沖不僅受到曹操的疼愛，周遭眾人也都很喜歡他，可惜在建安十三年（二〇八年），以十三歲之齡而夭折。後年，登上皇帝寶座的曹丕時常如此說：

「如果倉舒（曹沖的字）還在的話，我不可能擁有天下。」（《魏略》）

★卞皇后的孩子們

曹操最寵愛的卞皇后生了曹丕、曹彰、曹植、曹熊四個兒子；但長男為曹昂。

這個曹昂是妾所生，但是，正妻丁夫人疼他有如己出。

建安三年（一九七年），攻打河南的軍閥張繡時，流箭傷到曹操的愛馬，曹操的右腕也受傷，感到求生無門時，曹昂把自己的座騎讓給父親。正因如此，曹操才能夠逃出敵陣，而曹昂卻為父戰死。

對於犧牲兒子歸來的曹操，丁夫人大為非難。為此，曹操跟丁夫人離婚，以曹丕等人之母卞氏為正妻。因為異母兄長曹昂戰死，曹丕就成為長男。

曹丕的字為子桓。雖然經過種種曲折，但是到了建安二十二年（二一七年），在虛歲三十歲時被立為太子。父親曹操死後，繼承了魏王的位置。

同年十月（二二〇），以逼獻帝「禪讓」的形式就了帝位，號魏文帝。

到此，漢朝已經滅亡，形成了新的魏王朝，曹丕把年號改為「黃初」。那時，曹丕為三十四歲。曹丕坐了六年的帝位，於黃初七年（二二六年）去世。

在位時，文帝實行善政，被稱為治世的名君。

曹丕下面的弟弟為曹彰，字子文。這個人在學問方面完全沒有成就，但是武藝很出眾，臂力極大，脾氣暴躁，隨著父親到處從軍。

有一天，曹操問他的孩子們將來要做什麼人物時，唯有曹彰答以：

「我要成為一名武將。」他表示要身先士卒，在戰場打仗。

因此，曹操就把曹彰留在長安，到洛陽就病死了。關於曹彰慌張地到洛陽奔喪之事，我已經在前面說過。

曹操死後，哥哥曹丕逐漸跟他疏遠。在不遇之下，於黃初四年（二二三年）去世。

卞皇后的第三子為曹植，字子建。自幼就富於文才，在十二、三歲時，已經熟讀了《詩經》、《論語》、《楚辭》，以及漢代的賦、辭數十萬言等。

謝靈運如此讚嘆說：

「如果以天下的才能為一斗的話，曹植可佔八升。」

百分之八十或許說得太過火，但是，曹植很可能是早熟的天才兒童。

曹操有一次偶然間看到曹植的文章。曹操認為小孩兒不可能寫出如此傑出的文章，因此質問他說：

「你叫什麼人寫了這些文章？」

曹植答以：

「我一開口就能發為論文，一執筆就可以寫出華章。我沒有必要叫他人書寫呀！如果您不信，不妨當場試試。」

當銅雀台竣工時，曹操叫來他的兒子們，舉行寫文章比賽。想不到，曹植執筆後就一氣呵成，而且，那篇文章寫得非常好。就連曹操也感到驚訝萬分呢！

曹沖亡故以後，曹操更為疼愛曹植，在內心裡打算以曹植為他的後繼者。

關於後繼者這件事，我將在後章詳細敘述。

曹操死後，曹植被曹丕所疏遠；後於魏太和六年（二三二年），在不遇中死亡。

後繼者的爭鬥

★曹丕與曹植的爭鬥

魏、吳、蜀三國鼎立而爭鬥的時期為三國時代，而這三國的君主——曹操、孫權及劉備等人，都為了後繼者的人選而傷透了腦筋。只有西蜀很順利地決定了後繼者，至於曹操及孫權，都為了這個問題而感到頭痛。

尤其是魏的後繼者方面，更是問題重重。

有如前節所述，曹丕有一個異母兄曹昂。因為，曹昂很早就戰死，實質上在三十五個曹操的兒子裡面，曹丕為長子。

以封建時代的中國來說，長幼之序一直被講究，因此，嫡出的長子這個地位具有絕對的重要性。除非有特別事故，否則，長子必定是下一代的繼承人。

但是，曹丕不曾明顯地被指定為太子。為了這件事，年輕時的曹丕一直很緊張。

曹丕有一個叫曹沖的異母弟弟。這個曹沖具有神童的雅號，父親曹操很疼他，而且還公開表示，將以曹沖為自己的後繼者。

想不到，曹沖在建安十三年（二〇八年）就夭折了。這個孩子去世時，曹操淚流滿面地對曹丕如此說：

「對我來說，曹沖之死為天大的不幸，但是對你來說，乃是天大的幸運。」（《魏書．曹沖傳》）

因為，父親曹操寵愛的曹沖死亡，曹丕以為他才是後繼者時，曹操仍然不曾明白地表示他的態度，甚至有意把曹丕的弟弟——天才詩人曹植定為後繼者。

曹操號稱「橫槊的詩人」，對於文學、藝術方面比平常人更為理解，是故，從浪漫的天才詩人曹植身上，彷彿看到了自己的分身似的。他認為秉性慈悲、熱情的曹植，比起冷酷而現實的曹丕可愛多了。正因為如此，曹操遲遲不表明他的態度。

對於主君這種不明顯的態度，部下們總是非常敏感。

在那時，袒護長男曹丕，或者擁護三男曹植，對魏的大臣們來說，乃是關係到曹氏一門興廢的大事。

曹植方面有——丁儀兄弟、楊修、王淩等文人派高官追隨。另一方面，司馬仲達兄弟、夏侯惇兄弟等軍人，毛玠、崔琰、刑顒、賈逵等大臣則尊重正統派，是故，一向擁護曹丕。

兩派的人士都主張，他們所擁護的主子就是最合適的後繼者；而且，為了擁護他們各自的主子，不停的進行明爭暗鬥。

★曹植的「七步詩」

相爭的原因，不外是曹操很疼愛才氣煥發的曹植，一時頗想取消曹丕的後繼資格，而希望指定曹植為太子。

不過話又說回來啦！曹操畢竟是冷靜的領導者。他撇下私情，遵守傳統的長幼之序。到了建安二十二年（二一七年），曹操正式指定曹丕為太子。

那時，曹丕三十一歲。以當時來說，這種年紀當太子是太大了些，但是，好歹他已經正式被指定為接班人了。

曹丕的為人方面很像曹操，冷靜、苛酷，且缺乏溫情味。他就位為文帝之後，對那些往日支援他的臣子們論功行賞，至於那些反對他的人，則徹底地實施彈壓。

黃初元年（二二〇年）十月，曹丕殺了丁儀兄弟及他倆的族人，再處罰了所有敵方的人，以及惡意批評他的人。

曹丕繼承曹操似乎很不錯，但是，正史的編者陳壽卻批評曹丕為——

「缺乏寬大的度量。」

或許看在客觀的歷史家眼裡，做為一個天下君王的曹丕，其度量未免太小了些吧？

曹丕苛酷地彈壓，對他的血親也不例外。

他的親弟弟曹植及曹彰，也在大哥有形無形的壓力之下，在很坎坷中去世。尤其是對參與後繼者競賽的曹植，更是百般壓迫。

曹植的待遇只及其他諸侯的一半，而且在十一年之內，走任於三個不同的地區，時常被趕來趕去，以致到四十一歲時鬱鬱以終。

「七步詩」是否曹植的作品呢？關於這一點，不免叫人感到懷疑。

不過，自古以來，人們就把這首詩跟曹植連結在一起。現在，我就要根據《文選》，把這則故事介紹出來。

有關即位的一切行事告一段落之後，文帝當著文武百官的面前，下令曹植在走七步之間作一首詩。

聽了曹丕這句話，滿廷群臣對這種苛酷的命令都感到驚訝，以致寂然不敢作聲。

曹植對大哥說：

「詩的題目是什麼？」

「就以兄弟為題目吧！」

「是！」

一步，兩步……到了第七步，曹植對文帝輕輕地行了一禮，再朗朗吟出詩句。

煮豆燃豆萁
豆在釜中泣
本是同根生
相煎何太急

吟完詩句時，弟弟蒼白的面孔眼淚橫流，大哥連句安慰的話也沒說，悄悄離席。

最早介紹這首詩的是《世說新語》。在《世說新語》裡面，它變成五字六行的詩。

煮豆持作羹
漉鼓以為汁
萁向釜下燃
豆在釜中泣
本是同根生
相煎何太急

不久以後，京城的人們都知道曹植、曹彰被趕到遠隔的邊地。而且，只經過幾年之後，就聽到兩個人的訃聞。

曹操的后妃

★丁夫人的憤怒

一直到四〇年代為止，中國的歷史也就是男人的歷史，在舞台上活躍者幾乎都是男主角，女主角則區區可數。

在中國男性的眼光裡，女性只不過是偶爾偷窺男人世界的小配角而已。然而，只要追尋她們的足跡，就不難看出男人們的另一面。

建立魏國的曹操乃英雄也！正因為他是英雄，因此，寵愛過多數的女性。根據《魏書》的記載，曹操曾跟以下的女性發生關係。

卞皇后　爲曹丕、曹彰、曹植、曹熊的母親。
劉氏生　生下昂、鑠。
環氏　生下沖、據、宇。
林氏　生下林、袞。
泰氏　生下玹、峻。
尹氏　矩的母親。
王氏　幹的母親。
孫姬　上、彪、勤的母親。
李姬　乘、整、京的母親。
周姬　生下均。
劉姬　生下棘。
宋姬　生下徽。
趙姬　生下茂。

生下男孩的有十三名。除此以外，還有離異的丁夫人。也有一些只生下女孩，或者未生孩子。更有死別的女性。實際上，曹操染指過的女性恐怕不下數十人。

想調查曹操染指過的全部女性，根本就是不可能的一件事；不過，我要介紹一下跟曹操的關係比較深的女性。

劉夫人乃是曹操年輕時的側室。她生了長男曹昂等數個男女，很早就去世。

丁夫人抱養了長男曹昂。

根據《魏書・卞皇后傳注》，在建安二年（一九七年），曹操跟張繡交戰時，曹昂為父而戰死。因這件事而受到刺激的丁夫人哭著責備丈夫說：

「你殺了我們的兒子，難道一點也不心疼？」（同書・同注）

不管曹操如何低頭賠不是，丁夫人仍然無法息怒，終於回到娘家。

不久，曹操去迎接丁夫人。但是，丁夫人仍然不能原諒丈夫。在無可奈何之下，曹操只好跟丁夫人分開了。

★賢明的卞夫人

在丁氏之後成為正夫人者，也就是卞氏。卞氏為山東琅邪郡開陽人，原本是一名娼妓。曹操在年輕時發現了她，替她贖了身，當成自己的側室。

這以後，卞夫人跟曹操同行到洛陽。不久，暗殺董卓失敗的曹操，從洛陽遁回鄉里。因為到處都有逮捕曹操的告示，他當然就不能把自己的行蹤告訴家人。正因為如此，長久沒有他的訊息。後來，風言風語傳到洛陽：

「曹操已經死亡。」

聽到了這種風言風語，原本滯留於曹操家的部下們認為主公既然死了，留在曹家也是定罔然，於是準備離開。

卞夫人卻制止部下們說：

「曹君吉凶未知，你們一旦離開，日後才曉得那是誤報的話，哪有面目再見他呢？在真正知道大勢已去時，大夥兒一起死不是很好嗎……」（《魏書．卞皇后傳》）

部下們認為卞氏說得很有道理，取消了離開曹家的念頭。

卞氏成為正夫人以後，曹操把失去母親的兒子們都委給卞夫人撫養。

曹操在一大堆女人當中，最愛這個卞夫人。

卞夫人的兒子曹丕，在曹操去世的三年前，才被立為太子。在這以前，由於後繼者的競爭，魏國分成曹丕派與曹植派而對立。但是，曹丕、曹植都是卞夫人的親生子，她的地位並沒有什麼不安之處。

曹丕被立為太子時，宮女及側近們異口同聲地向卞夫人祝賀。她卻如此說：

「因為曹丕比較年長，我丈夫才把他立為後繼者。做為一個母親，我只擔心對兒子的教育是否有了錯誤。我實在沒有太高興的那種心情……」

看到老婆這種沈著的樣子，曹操很感動地說：

「憤怒時不改變臉色，高興時又不失節度，這實在是很難以做到的事情。」（《魏書．卞皇后傳》）

卞夫人樸實，一向不喜歡很奢華的事物。她穿在身上的衣服也很粗陋，從來就不穿有著刺繡的衣服，而且，不佩戴珠寶之類的裝飾品。

有一天，曹操獲得了很多裝飾品，他拿那些東西給卞夫人看，叫她拿一些喜歡的類型。結果呢？卞夫人選了一些中等程度的貨色。

曹操感到不解，問她理由。結果卞夫人做了以下的回答：

「如果選擇上等貨的話，將被認為是貪；假如選擇下等貨，又可能被認為是造作。所以，我才選擇中等貨色。」（《魏書．卞皇后傳注》）

「嗯……是很賢慧的女人。」曹操很感動地說。

逢到自己受到寵愛時，就會向丈夫提出種種要求，尤其是會提拔娘家的兄弟……這就是歷代身為皇后者的通病。卞氏也是女人，她也希望血親們過好日子，升官發財，但是，她一向很守分寸，不曾有額外的要求。

卞氏一向很疼愛她的弟弟——秉。但是，曹操認為不宜太縱容他的妻舅秉，要求卞氏也忍耐一些。卞夫人很聽老公的話，從來不曾有過必需以上的要求。

正因為如此，到曹操去世為止，秉一直無法升官，當然也就無法蓄財。

總而言之，卞夫人是賢妻良母的典型，乃是一個很懂得分寸的賢慧女性。

《世說新語》把卞夫人當成「賢媛」之一介紹。

因為卞夫人是這樣的一個女人，是故曹操最疼愛她，而她也一直保有皇后的寶座。

卞皇后於魏太和四年（二三〇年）去世，被安葬於丈夫曹操的墓旁。

曹操的部屬

★天下豪雄

曹操的部下可說人才濟濟。不管是從質及量方面來說，魏國的人才皆冠於三國。想把那麼多人才寫出來，幾乎不可能，因此，我只敘述一些比較重要的人物。

武將方面有——

◎典韋

此人的體格及面孔都比常人來得大，又具有一種怪力，時常殺人、吵架、動粗。剛開始時，在趙寵（張邈的部屬）的麾下服務。兵士拿不動的軍旗，他可以使用一隻手舉起來，具有蠻力。敵我兩軍都領教過他的強悍。

不久之後，為魏軍的武將——夏侯惇所發現，被配到曹操身邊。

典韋也是曹操初期的護衛，那時被稱之為「帳下壯士」。他是能夠揮動兩根八十斤鐵戟的巨漢。正因為如此，沒有人能夠靠近曹操的身邊。

張繡舉兵叛變時，典韋為了保護曹操，使曹操平安逃出，他自己則留置於邸內戰鬥，終於戰死。

順利逃出的曹操知道怪力無雙的忠實護衛戰死後，流淚痛哭……

◎許褚

出身地跟曹操相同。體格超群，武術出眾，具有怪力。在典韋亡故後，成為曹操的貼身護衛，擁有一個諢名「虎痴」（愚直的老虎）。

曹操很喜歡許褚的怪力與強壯，因此，喜孜孜地說：

「此男子，彷彿是我的樊噲（劉邦的猛將）似的！」

在官渡大戰，以及曹操跟馬超交戰時，許褚全心保護主人，發揮出獅子奮起般的作用。正由於有許褚在曹操身邊，號稱西北唯一猛者的馬超也無法攻殺曹操。

許褚的為人誠實而木訥，對主人絕對服從，一天二十四小時都保護著曹操，不曾離開他的身邊。曹操去世時，許褚悲切地哭泣。

◎張遼

起初，張遼是呂布的部將。當他在小沛包圍劉備時，關羽曾對他說：

「像你這般優秀的人物，為何要為呂布之流效力呢？」

經關羽如此忠告後，他倆就成了莫逆的至交。

這以後，張遼成為曹操的部將，與樂進、徐晃、于禁、張郃號稱魏國的五大將，在很多戰役裡建立偉功。赤壁之戰時，拚死從危機中把曹操救出來。

在合肥的守備戰時，迎東吳而奮戰。當時在江南方面，孩子們只要聽到張遼的名字，就會停止哭泣。

張遼跟吳軍對峙時，孫權提醒全軍說：

「張遼雖然病了，還是敵軍的大將，不能掉以輕心！」

◎ 徐晃

為魏軍的五大將之一，也是曹操所信賴的武將。起初在楊奉麾下，後來投效曹操。投效曹操之後，徐晃建了很多戰功。尤其是在跟西北的馬超交戰，關羽進攻樊城時非常活躍。就連號稱當代無敵的關羽，在一對一的戰鬥方面，也難以勝過徐晃。

徐晃是沈著而冷靜的人，絕對不從事無謂的戰鬥。不過，他對曹操表示傾服以後，曾經表示，為了主君，他可以拋棄自己的性命。

「我逢到很難得的主君。為了這位傑出的主君，我非得建立一些戰功不可。」

徐晃時常這樣說。

◎ 樂進

從年輕時代就跟隨曹操。剛開始時，從事文書方面的工作。雖然身材短小，但是很有膽識，喜歡戰鬥，時常第一個攻入敵陣。在多次戰役中建立功績，很受主君的信賴。

建安十一年（二〇六年），曹操跟麾下的張遼、于禁等人針對樂進的功勞上奏獻帝而使他獲得表彰。在跟孫權作戰時，樂進跟張遼，李典等人守衛合肥，擊退了敵軍。為曹操麾下的勇將之一。

◎ 于禁

黃巾之亂時投軍，起初為鮑信的部下，其後投效曹操。他是忠實英勇的人。當他討伐專門從事搶奪的青州兵時，差一點就被誣告，而使曹操對他產生懷疑。但是，他仍舊不曾動搖，照樣盡著自己的職責。正因為如此，曹操對他也非常信賴。他輾轉於各地，建立功名，尤其是在官渡之戰時大為活躍，被看成魏軍中的至寶。

建安二十四年（二一九年），關羽進攻樊城時，前往救援守將曹仁。由於長期下雨，河川泛濫，終於被關羽所逮捕，送到後方的夏口。

對這位高傲的武將來說，成為敵軍的俘虜是一大憾事；因此，羞憤而死。

◎司馬懿

司馬懿字仲達。自幼就聰明而博學。人們都知道他是野心很大的人物。當他還是一名地方官吏時，就被曹操所發掘。剛開始時，他還有些不情願呢！然而，逐漸為曹操這個人物的「才略」所感動，這以後，就以曹操側近的身分活躍於魏國。

他以參謀的身分到西北從軍時，留下了著名的「得隴望蜀」這句話。

在曹操歿後，他仍舊為文帝、明帝效力，以魏軍的代表性人物奔走驅馳，屢次智退諸葛孔明的蜀軍。

他盡了救國之將的重大任務，但是，一心一意想憑自己的一雙手創立新王朝，而且確實立下新王朝「晉」的基礎。

★經過精選的智囊團

戰略謀士方面有——

◎荀彧（前已介紹）

◎荀攸

荀彧的侄子，比荀彧大六歲。剛開始時，擔任中央政府的官吏。因為不滿董卓的專橫，參加暗殺董卓的計劃，不幸失敗而被投獄。其後，由於叔叔的推薦，開始對曹操效力。以軍師的姿態活躍，在征伐張繡，跟呂布交戰，以及官渡決戰時，展開了適切的作戰指導，為魏國帶來了勝利。

在赤壁作戰時，亦致力於情報的蒐集，但是被敵將周瑜所發覺而宣告失敗。荀攸的判斷力很出眾，具有很準確的洞察力。曹操很感動地說：

「那個男子，表面看起來似乎魯鈍而膽小，事實上他具有睿智及勇氣。」

◎程昱

此人個兒很高，容貌甚為威嚴。黃巾之亂時，跟豪族們固守故鄉，擊退了黃巾賊。程昱謝絕公孫瓚的利誘，投效曹操，以軍師的姿態活躍。尤其是曹操征伐徐州時，

他跟荀彧共同守城，從呂布的攻擊之下保護了城池。

在官渡之戰時，程昱跟荀彧獻上了很多計策。

曹操很感動地說：

「真是膽大心細的好男兒。」

在群雄裡面，程昱最討厭袁紹與劉備。程昱的個性狷介而高傲，曹操雖然很疼愛他，但是跟其他的人則格格不入。曹操死後，他如此說：

「不知足的人，將招致羞辱。」

終於慨然引退。

◎郭嘉

郭嘉想步上仕途而會見了袁紹；但是，由於官位太低而感到不滿。其後，由荀彧的推薦而為曹操效力。曹操很高地評價郭嘉的才能說：

「這個男子一定能夠助成我的事業。」

郭嘉的反應很迅速，具有很準確的判斷力，隨著主君轉戰於各地。參加烏桓討伐時，以三十八歲的壯年去世。

曹操在赤壁打敗仗時，曾經悲嘆著說……

「如果郭嘉還在的話，絕對不可能輸得這樣慘。」

◎毛玠

本來擔任地方性官吏，曾經與青州軍有過關係。成為丞相的曹操來到山東兗州時，毛玠向曹操投降，而對曹操效力。

他主張為官者非清廉公正不可。在兗州時，對曹操說出當大宰相應有的氣度。

當魏國的後繼者發生競爭，魏的國論分成兩派時，他仍然對曹操諫言必須重視正統性。這以後，隨著曹操的權力日益增大，毛玠批評曹操之作為也越嚴厲。

毛玠的同事崔琰因為批評曹操太過火而被處死刑；毛玠則由於有了為他辯護的，得免於死刑，僅受到免職的處罰。

◎賈逵

由於曹操的提拔而成為他的側近。這以後，他很忠誠地為曹家三代服務。尤其是在曹操亡故以後，安定了一場混亂，負責一切葬儀的進行。並且，活躍於擁護後繼者曹丕的運動。

◎華歆

剛開始時，為後漢效力，其後，成為孫策的臣下。孫權即位，他到許都出使，有感於曹操的為人，終於為曹操效力。

根據《三國演義》的說法——

◎曹操迫害後漢的伏皇后時，華歆領兵進入宮裡，抓出了皇后。

◎在曹操死後，為了曹丕，迫後漢的獻帝讓位。

對帝室來說，華歆是罪惡不赦之人。華歆跟前述的賈逵並沒有親族關係。

文人名士方面——

◎孔融（前述）

◎陳琳（前述）

◎其他，還有建安七子等文藝人士。

第十二章

曹操是東方的英雄偶像

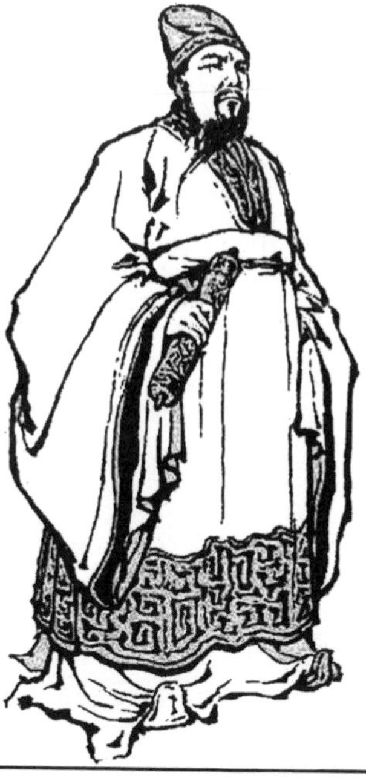

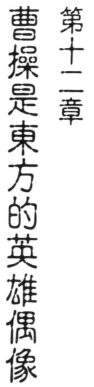

曹操與日本戰國時代武將的異同

★重要的平衡感

日本的武田信玄、上杉謙信、織田信長、豐臣秀吉、德川家康等武將，跟曹操之間有很多共同點。例如「強悍」就是其中之一。當然，這並非意味著他們是常勝將軍。他們也打過不少敗戰。不過，在重要的戰役裡都打贏。

正因為如此，他們才能夠不斷地擴充領土。

曹操及日本戰國時期的武將所率領的部隊之所以顯得強悍無比，不外是身為指揮官的他們也強悍的緣故。其次，不管是曹操或是日本戰國的武將們，都以一國一城的主子姿態，在群雄割據之中，逐漸擴充領土。

當然，關於領土的廣狹、人口的多寡，以及兵力的大小方面，中國跟日本的規模不能相提並論。以地大物博的中國來說，光是曹操所統轄的魏國，其幅員就比日本武將全部的領地來得廣大，人口當然也比較多。

不過有一點完全相同，那就是——打垮了敵人之後，才擴充了他們的領土。

又如，在領導能力方面，曹操及日本戰國的武將們都具備超人的素質。以站在眾人上面這一點來說，他們是「不約而同」的人物。

不管是曹操及日本戰國時代的武將，他們的周圍都有很多敵人。

曹操、信玄、謙信、信長、秀吉，以及家康等人，四周都充滿了敵人。

曹操就是一面跟袁紹、呂布、孫權、劉備等交戰，一面擴充魏國的領土。

不僅如此，對於活在以下剋上的作風很熾烈之時代的他們來說，先注意外來的敵人還不夠，因為，有時會遭到部下的叛逆與暗算。是故，必須步步為營、戰戰兢兢地過日子。換句話說，對自己的人也不能掉以輕心。

正因為如此，不管是曹操或是日本戰國的武將們，時常會感到孤獨。雖說是臣下如雲，但是，並不能夠高枕無憂。

當然，就是以這些共通點來說，仍然有程度方面的差別。雖然在強悍、領土的擴充，以及被敵人所包圍這三方面相同，但是，每個人都有程度方面的不同。而且，一旦這種平衡崩潰，就會導致敗戰，或者滅亡。

★曹操與織田信長的比較

以曹操與日本武將相比的話，就不難感覺到，在領導能力方面有著很大的差異。例如——日本武將織田信長的性情跟曹操最相似。他倆都是暴躁、一意孤行、獨裁，殺了很多敵人及自己人。在個性方面，不管是曹操或是織田信長，都不怎麼受到愛戴。我們很難以從他倆的性格方面，尋找到良善的一面。

信長在本能寺為部下明智光秀所殺，而曹操並沒有經過此劫，而且，還享了天壽。這一點就是最大的不同。

織田信長時常在眾人面前侮辱光秀，有時甚至毆打。正因為如此，光秀才萌生了報仇的念頭。所以，光秀造了反，並且殺了織田信長。曹操一向酷役部下。他甚至對自己人也欺騙，一旦部下沒有利用價值時就疏離，有時，甚至加以消滅。

曹操絕非春風駘蕩型，或者是民主型的領袖。但是他並不像信長一般，最後為部下所殺。曹操的領導力有著信長所短缺的長處。結果，信長被殺，而曹操得以享天壽。

一個被殺，另外一個並非如此，這個事實使作者感覺到——曹操的領導力絕對是勝過織田信長一籌。

當然，日本的武將也有多人享到天壽。不過，在日本戰國時代的武將裡面，織田信長屬於比較優秀者。正因為如此，他才可以掌握天下。曹操這一位兩千年前的武將之所以比信長更勝一籌，乃是他能夠發揮出超乎尋常的領導能力之故。

★真正的文化人

關於歐洲方面我不得而知，然而毫無疑問的，曹操確實是東方英雄群像的典型。

在中國、朝鮮、日本，以及東南亞各國等地方，所謂的英雄人物，乃是指生長於曹操、日本戰國武將一般的環境及社會，並且在那種社會稱霸的人。

曹操跟日本英雄決定性的不同有一點。

那就是——曹操本人是優秀的詩人；但是，日本的英雄缺乏那種要素。

當然，日本的武將也有在文化方面出類拔粹者。例如，為信長及秀吉效力，後來領取會津百萬石的蒲生氏鄉。此人精於徘句歌道，為日本戰國時代唯一的文化武將。

又如，細川忠興曾為信長與秀吉效力，到了關原時又向家康靠攏。因為如此，才保全了他的家系。此人也懂得和歌，愛好文學，喜好茶道，是一個具有藝術素養的人。

不過話說回來，不管是蒲生氏或是細川氏，都稱不上是日本戰國時代的英雄。至少，他們並非「統一天下」的人物。

日本戰國時代的武將代表，還是要推織田信長、豐臣秀吉及德川家康等人。事實上，他們才是「打天下的人」。尤其是家康更統一了天下，建立德川幕府主政三百年的基礎。

當然，並非這三個英雄跟文化完全無緣。甚至尾張農民之子的秀吉也能夠詠出辭世之歌。他對天下發號施令時，並非只一味進行戰爭，對文化方面也表示相當程度的關心。

織田信長本人並非文化人，但是，對於歐洲文化表示很大的關心。他保護葡萄牙的傳教士，想從他們身上吸收新世界的知識。

德川家康則為相當有素養的人，他留下了一些很不錯的家訓及遺書，要求部下以兵法為中心，學習古典學問。在政治方面，則宣揚文化政策及和平主義。

不過，比起橫槊詩人，留下了很多詩篇，又建立所謂建安文壇（號稱文學史上的金字塔）的曹操來，實在遜色很多。

比起上述的三名日本武將來，武田信玄與上杉謙信兩人比較富有文化氣息。

武田信玄本身不僅通曉以《孫子》為中心的兵法古書，還從京都招請禪宗的高僧（當時學富五車的人），到甲府，教他漢詩及和歌。

上杉謙信則是戰國時代唯一的詩人武將。他在軍中所作的漢詩，一直到現代，仍然被當成日本優秀的漢詩。

不過，武田信玄及上杉謙信仍然不能替代上述的三名武將，號稱日本戰國時代的代表性武將。換句話說，比起信玄與謙信來，曹操仍然是更為優秀的詩人。

速決果斷與浪漫情懷

★跟袁紹的不同處

在曹操的性格中，最為突出者，莫過於果斷速決。當他決定要如何進行一件事情之後，就立刻付之實施，絕對不會猶豫不決。

古代兵法書的權威《吳子》有以下的一句話：

「用兵之害，猶豫最大，狐疑會給三軍帶來災害。」（《吳子・治兵篇》）

用兵之際，指揮官的優柔寡斷所產生的弊害最大。猶豫不決，將給全軍帶來災害。

對曹操來說，這句話是多餘的。因為，他的性格跟這種說法相反。

後漢中平六年（一八九年），靈帝病歿時，京城洛陽發生政變，各地的軍閥紛紛領兵進入京城。

在這些掀起政變的人裡面，隴西的梟雄董卓立刻制壓了京城，壟斷了朝廷的權力於一身。正因為董卓太過於專橫無道，以致，恰有如進入京都（日本）的木曾義仲受到排斥一般，引起了朝廷及各地群雄——「討伐董卓！」的聲浪。

翌年，組成了征伐董卓的聯合軍，袁紹被推舉為總司令官。

董卓懼怕聯軍的力量，因此急速地擬訂遷都的計劃，攜帶很多非戰鬥人員朝著長安行軍。對聯軍來說，這時是追擊的大好機會。

想不到，總司令袁紹卻猶豫不決，遲遲不下攻擊令，眼巴巴地看著董卓軍遷都。

這時，在聯軍之中，只有曹操一個人冒然地去追擊董卓。對於曹操來說，速決果斷是上策，他最忍受不了的是慢吞吞而坐失機會。

★決斷中的浪漫情懷

官渡之戰時，不管在大小不同的戰鬥中，曹操老是採行速決果斷的作戰方式。

不僅是在戰鬥方面，就是在政治作為上，曹操也火速地決定「是」與「否」；對於已經決定的事情，絕不會更改。由此看來，曹操的性格比起上述的警句來，更像《孫子兵法》所說的一句話：

「用兵在於速決，不宜遲疑不決。」

意思是必須速決果斷。但是有不能忽略的一點，那就是——其間有一種浪漫性。現在就舉出一個例子。

建安二十三年（二一八年）西征時，曹操統領大軍進駐漢中，跟蜀軍對峙。

這次戰鬥一進一退，拖延了許久，一直到翌年元月仍然不能動彈。當曹操察覺到滯留於此地，不能有什麼斬獲時，決定撤軍。他對全軍發出命令：

「雞肋！」

幾天後，果然率領全軍撤退。

「雞肋」也就是雞的肋骨。雞肋汁少，而且味道也不美。不過，它能夠用來熬湯，扔掉的話，有點兒可惜。漢中這塊地就彷彿雞的肋骨一般。在一陣迷惑之後，曹操認為應該放棄它。使用暗號「雞肋」表示撤退的命令，蘊藏著曹操之浪漫性。

在通常情況之下，一旦決定撤退的話，曹操一般不會使用那種富有哲學意味、難以理解的字眼。

曹操在決定事情時，一向都是速決而果斷，但是，他也很關心其結果，對於應該負責照顧的地方，他一向非常照顧。關於這一點，他跟其他人不同。逢到決定處死某個人時，曹操會悲傷而流淚，而且，負責死者的身後問題。也就是說：「惡魔也有眼淚。」

當曹操認為不能讓烏桓的使節團長回國，而殺了他以後，仍然認為對方是一個好男兒，因此，很慎重地把對方的屍體送回烏桓。

諸如這一類事情，正表示曹操在果斷之外，還具有一種浪漫情懷。

★《秋胡行》透露出對神仙的憧憬

關於曹操的浪漫情懷，從他的詩集中也可以窺見一斑

現存的曹操之詩，號稱為意境最美者，有《秋胡行》這首長詩。這首詩是具有戲劇性結構的幻想式作品。大意是說，他在山中彈琴時，出現了一位號稱居住於崑崙的不可思議老人。再透過跟那個老人的對話，表現出了人間的虛幻無常，以及對充滿理想的神仙界的憧憬。這是逃避現實，描寫對理想世界憧憬的詩篇。

《秋胡行》全篇很長，而且又難解，是故，我只介紹其中的一部分。

其一

晨上散關山，此道當何難；
牛頓不起，車墮谷間。
坐磐石之上，彈五弦之琴。
作為清角韻，意中迷煩。
歌以言志，晨上散關山。

其二

有何三老公，卒來在我旁？
負揜被裘，似非恆人。
謂卿言何困苦，以自怨；
猩猩所欲，來到此間；
歌以言志，有何三老公。

其三

我居崑崙山，所謂者真人。

遼深有可得，名山歷觀；
遨遊八極，枕石漱流飲泉。
沈吟不決，遂上升天。
歌以言志，我居崑崙山。

……其四之後略……

說完話，仙人站立起來，曹操想追其後而不得。這也就是其四的內容。

散關山是位於陝西省的一座山。「清角韻」也者，乃是琴的曲名。

這首詩十足表現出作者對神仙世界憧憬的心理；也是一部充滿浪漫情懷的作品。

如此這般，曹操是一名具備浪漫情懷的武將；就算他面臨重要的事情，必須面對著它，豪爽果斷地行動時，仍然具有一種浪漫情懷。

正因曹操具有那種人情味，因而他雖是獨斷獨行者，部下及人民仍然願意跟隨他。

表面冷靜，內心熱情

★對漢室的心態

據說，日本人很善於運用所謂的原則及真心。

美國人比較憨直，所以時常說出真心話。然而，日本人雖然在內心裡想著一些什麼，但是基於種種理由，並不會原原本本把內心的想法表現出來；有時，甚至說一些相反的話，或者隱藏自己的心意。正因為如此，歐美人時常非難日本人。

事實上，並非只有日本人存著「原則」與「真心」的兩種論調，凡是東方人，都普遍地具有這種傾向。

曹操這個武將也是一向持著原則與真心的兩種相對論。從表面上看來，他始終很冷靜。在行動方面，他很少注入感情，有時，甚至不隱藏他無情的冷酷。然而，這並非他的全部。

曹操之所以裝成冷靜，無非是表示他對漢室的態度。

在「述志令」裡面，曹操很得體地說出他尊皇敬帝的態度。

在這篇文章裡面，他表現得忠心耿耿地說，曹家父子三代蒙受朝廷的恩惠，他們是漢室的臣下，絕不會篡奪王位。

但是，這只是表面的說詞罷了，並非他的真心話。在內心裡，他非常熱心地想創立自己的王朝，是故，全心全意建設王朝的基礎。

★雙重人格者

曹操在「述志令」裡面明白表示，他自己絕對不就王位。然而在實際上，那時的漢獻帝已經是個傀儡，朝廷的權力完全由曹操所掌握。當然也他就不必急於成為皇帝。

因此，曹操的那種說法，彷彿是在戰甲上面再穿上一件普通衣服而已。

表面上，曹操盡是在說一些漂亮話，骨子裡他是個野心勃勃的人，一直用心樹立以曹丕為首的，他的兒子們的權威。

曹操確實不曾即帝位，但他的後繼者曹丕卻終於穿上龍袍，創立魏王朝以替代漢朝。而且，又是以「禪讓」的方式，由漢獻帝讓出帝位。

所謂「禪讓」，乃是指不使用革命的手段，或者不利用暴力的方式，使出眾的人即帝位。但是，該人物必須具有高潔的人格及仁德。

關於這些前提，曹操已經為曹丕鋪好。王朝及皇帝的地位，除非有強烈的執著心，否則就不可能獲得。

就如此這般，表面上裝成清廉正直的樣子，內心卻異常積極地想篡奪王位，這乃是曹操對漢室的基本態度。

事實上，這是曹操的本質，而並非唯有對漢室如此。就有如人們叫他「亂世奸雄」一般，表面上，曹操一向裝得很冷靜。

尤其是在人際關係及對部下的指揮方針方面，曹操一向不使他的感情外露，始終一貫地保持冷靜。而且，他又能夠仔細地觀察對方，並且利用對方的才能。

等到沒有了利用價值，或者對方的忠誠讓他產生懷疑時，他就會在毫無感情之下，冷酷地處置對方。有時，曹操的冷酷叫人不寒而慄。

曹操是雙重人格的人，他並非單純的人。

深懂人生的微妙處

★郭嘉與陳群

在東方，做為一個領袖者，非得深懂人生的微妙處不可。只憑合理主義及智慧，在西方可能行得通；但是，如果是在東方，則很難成為一個偉大的領導者。

曹操很懂得人生的微妙處，他並非只憑智慧及情理役使人。憑這一點，他就有資格稱為「東方的領袖」。

現在，我就舉出一個例子——

曹操有一個心腹，名叫郭嘉，經由軍師荀彧的推舉而認識。當曹操跟郭嘉論及天下大事時，曹操有感於郭嘉的腦筋很好，於是，立刻任用他。

「郭嘉是成我大業的不二人選。」

曹操如此評論，並且重用了郭嘉。郭嘉也非常高興，認為像曹操般的赫赫人物，實在值得為他效力。

於是，郭嘉就開始大舉活動。但是，此人也有缺陷。那就是，喜好女色，品行叫人不敢恭維。正因為如此，時常引起事端。

那時，曹操有一個叫陳群的正義凜然的側近。他的品行很方正，除了他自己的老婆以外，對其他女人始終不看一眼。

對於陳群來說，時常引起異性糾紛的郭嘉，實在太不像話了。一個人不管有多大的才能，一旦愛好女色，那就沒什麼用處了。是故，逢到郭嘉引起異性問題時，陳群就會把它帶到會議桌上討論，並且非難郭嘉。

有一天，就有如平常一般，陳群把郭嘉所引起的問題拿到會議桌上討論，再以嚴厲的字眼非難他。

碰巧，曹操也出席了那場會議。對於郭嘉不端正的行為，陳群再也不想放縱，於是，他聲色俱厲地譴責，希望引起曹操的注意。他想，不管郭嘉再囂張，只要曹操能說幾句話，他就不得不收斂。

由於陳群所說的話太過火辣，使得全場鴉雀無聲。曹操說：

「好啦……你就給郭嘉留些餘地吧！依我看，他也正在反省呢……」

曹操就如此輕責了陳群一聲。

正因為曹操開了口，那件事也就不再追查。而且，經過了這一次以後，郭嘉竟然再也不拈花惹草了。

在另一方面，曹操也對陳群的嚴正給予很高的評價，待開完了會議後，並沒有忘記當著眾人嘉許他一番。

這段小故事出自《魏書・郭嘉傳》

★克服憎恨

就以曹操來說，他也並不厭惡女人。在封建色彩很濃厚的當時，女性只是男性的附屬品而已。是故，那種事情被提到會議中，遭受到與會者的非難，也不至於使郭嘉感到太難堪，因而郭嘉仍然我行我素好一段時間。

郭嘉認為——愛好女色這件事如果影響到一個人的本行，那就不妥當了。如非這樣，大可以對這件事閉起一隻眼睛來呀！郭嘉就是抱著這種態度。

曹操很理解郭嘉的這種心理。正因為如此，他才以「郭嘉也在反省」這一句話制住了兩個人。同時，曹操也理解陳群正直不阿的態度，因此，才採取吵架雙方都不對的方式，收拾了那種局面。

本來在袁紹那邊幹祕書的陳琳曾經寫了一篇臭罵曹操三代的檄文。但是，當陳琳變節來投降時，曹操就是殺了他也不能消除滿腹的怒氣。然而，陳琳對曹操屈膝，他又是天下聞名的文人，如果曹操殺他的話，曹操的名聲將受損。

曹操考慮了這幾點以後，只責罵了一下陳琳，就原諒他。這以後反而重用他。這些事情，在在顯示出曹操理解人生的微妙處，是一個很出色的領袖人物。

終章

人生要懷抱野心

人為何而活？

★一路追求自己的美夢

到此為止，我就要停止對曹操生活方式的考證。對於這種曹操的生活方式，現代人應該如何加以思考呢？

第一個應該思考的是——

「人為何而活著？」

舊制日本高等學校的學生藤村操（明治後期的哲學青年）留下一封遺書——

「人生實在叫人難解！」

最後跳入華嚴瀑布自殺。

在論及艱難的「人生論」時，反而叫人什麼也不懂，以致不得不自殺。

但是，活在兩千年前的曹操，並沒有意識到人生是很艱難的問題。他如此想著：

「所謂人生，只是為了實現自己的美夢而存在。」

同時，為了活下去，始終以自己為本位，絕對不理會他人的想法及眼光。

在這個世界裡面，就有一些出眾的人，為了追求自己的美夢，以不撓不折的精神克服種種障礙，留下了不朽的名作。

例如失去了聽力，仍然繼續作曲的貝多芬；失明，經過了好多次失敗仍然不以為意，還是到日本傳播佛教的鑑真和尚；被處以屈辱的宮刑，仍然一心一意地創作，終於完成《史記》的司馬遷；這些人都留下了偉大的事蹟，彌補了短暫人生的諸多坎坷。

曹操並非這種值得尊敬的偉人。他並沒有肉體方面的缺陷，他只是任憑自己喜歡的方式活著而已。套一句現代的說法，乃是基於自己的理想度過其一生。

他的理想就是——

「實現自己的美夢，以自己為本位而活著。」

「上天所要廢掉的人，不宜支持。」

現在的世界，必須重新改造。

為了改造世界，自己本身非有權力不可。是故，最快捷的方法是——成為一城一國之之主君。

最後的期望是建立自己能夠完全控制的新王朝，以替代目前已經腐化的漢朝。

——曹操為了達成這些美夢，奉獻了他畢生的力氣。他始終走在自己所選擇的道路上，逢到有人阻擋他時，他絕對不容赦。

他以「擋我者斬」的氣概過了輝煌的一生。

歷史依照曹操所構想的方式進行。他使魏國不停地發展，不久終於成為大國。曹操死後，廢了漢朝，建立魏王朝。曹操在世前的辛苦耕耘，終於開花結果。

★看在他人眼裡，曹操的作為充滿血腥味

比起前述的貝多芬、鑑真、司馬遷等為了使自己的人生更有價值而努力的偉人來，曹操的人生可說充滿了血腥味。

曹操為了滿足自己的野心，過著自我本位及利己式的生涯。除了留下文學方面的作品以外，他建立魏國，使它強大，對天下發號施令，最後建立魏王朝之事，以歷史的眼光看來，或許只不過是一場虛幻罷了。

至少對曹操自己來說，能夠使自己的美夢成真，應該使他感到滿足了。

縱然是建立新時代的英雄也難免一死，在建安二十五年（二二〇年），曹操結束了，他六十六年的生涯。

如果靈魂千古不滅，曹操很可能在墳墓裡說：

「我很滿足於自己的生涯。」

曹操的一生縱然充滿血腥味，或者不值得學習，但我們不得不產生某種共感。

人是人，我是我

★自我本位

以曹操的生活方式來說，到現代仍能供給世人參考的是他那種「人是人，我是我」十分乾脆的想法。

自年輕時，曹操就貫徹於「自我本位」的生活方式，很少在乎別人的想法。他最明顯的乾脆想法是對漢室的態度。

實質上，自從建安元年（一九六年）獻帝從長安回到洛陽之後，朝廷的權力就由曹操所掌握，以獻帝為首的漢室人員實際上只是傀儡而已。

此後的二十五年之間，表面上，曹操聲稱他是尊皇敬帝，事實上卻是比皇帝更為囂張，並不把漢室放在眼裡。

曹操到了晚年，不但殺了伏皇后，而且，還把他的女兒硬塞給獻帝。

這種旁若無人的行為，一般人是很難做到的。因為，一般人都會考慮到反抗王室，對皇帝採取無禮之舉以後，將被看成不忠之徒或是叛賊。

但是，曹操一向唯我獨尊，永遠採取「自我本位」的生活方式。荀彧、孔融等等有心的部下們時常對主君的這種做法予以譴責，然而，曹操寧斬反對自己的部下，而不願改變自己的心意。

因為，他一向認為——

「別人是別人，我是我。」

不管是在做人、領導方面，甚至在戰場，曹操都採行他這種乾脆的想法。

或許對他來說，這種想法才算合理吧？

★乾脆的人生哲學

不能即刻處理一件事，逢到必須採取行動時，如此想著——

「逢到這種場合，別人會如何做呢？」

再根據這種想法行動，那就太不合理了。正因為如此拿不定主意，一直在苦惱，所以不能採取迅速果斷的行動。指導部屬攻城掠地時，絕對不能那樣遲疑，必須根據自己的想法，採取斷然的行動。

這就是曹操碰到事情時，一貫採取的態度。

據說，日本劍豪宮本武藏留下如此一句話：

「我做過的事，從來不後悔。」

我想，曹操很可能也是這樣。

以赤壁之戰為始，曹操也打了好幾次敗戰，但是，他從來就不留下後悔的言詞。也許他相信乾脆的人生哲學，才能夠這樣吧？

自己真正想做的事

★依照本能做事

看了曹操的生活方式之後，就不難理解他是為了自己真正想要做的事情，耗費了他全部的生涯。

不管是否會打擾到他人，或者不管他人會如何想，只一心一意做著自己喜歡做的事情，這樣是否妥當呢？或許有可質疑的餘地。但是，曹操一向不把它當成問題。

所謂的名言、警句，或者偉人的逸話集，一直被當成感動凡人的東西，到現在仍然常被出版。

又如——刊登於報紙、雜誌的模範「話題」，時常叫讀者感動萬分。

如此這般的感人話題，仍然有最低的條件。那就是——

「絕對不是自我本位，必須對世界、人們有幫助。」

例如——提高領導力的效果、使人際關係圓滑、成功的訣竅、上乘用人方式、在事業上獲勝的條件、領導者應具備的資格、正確的愛情觀等等，多數具有教育意義的「話」，都必須具備這些條件。

曹操的人生主張並非上述的美談，或者具有教育意義的生活方式，而是追求自己想做的事情的生活方式。

曹操的生活方式離不開自我本位，他只懂得追求自己的美夢。

雖然他的領導能力、驅役人的方式、戰鬥方略等等，有值得學習的地方，然而，曹操並非有意識地如此做。

以曹操來說，就算他想把亂世治好，使它成為新的世界，然而，這並非意味著——他意識到必須如此做，庶民才能獲救，惡人才會滅亡，世界才能夠變成好地方。

曹操理解文學，他也留下優秀的作品，然而，這並非曹操希望後世的人能夠崇拜他，而只是基於嗜好、興趣，才如此做罷了。

又如，曹操在多數戰役中，能夠發揮優秀的戰略與領導力，並非他意識到那樣才會獲勝，而是任由本能去發揮。

★自由奔放地活下去！

曹操本人並不想普遍地引起後人的注意，更沒有想到要引起後人的拍手喝采。他只是為了自己真正想做的事情，求其迅速達成，儘量發揮自己的才能，以達到自己的目的。

至於那些事情是否打擾了他人，或者相反過來成為一種美談？所有這一切都是從結果判斷，並非他的責任。

曹操的生活方式——純粹想達成自己的目標，或許能夠供我們參考。

以現在的日本人來說，規則未免太多。我們被太多的道德觀念所束縛，生活方面又有種種規制，實在不能自由奔放地做事。

不僅是在生活方面，甚至思想方面也幾乎出自一種模式。諸如這種被五花大綁似的現代人，曹操那種——

「為了真正想做的事情而活。」——將成為很好的參考資料。

〈全書終〉

國家圖書館出版品預行編目資料

沒有曹操，哪有三國／松本一男 著

初版，新北市，新視野 New Vision，2021.7

面；　公分 --

ISBN 978-986-06503-1-0（平裝）

1.（三國）曹操　2.傳記

782.824　　110006417

沒有曹操，哪有三國

作　者　松本一男

出　版　新視野 New Vision

製　作　新潮社文化事業有限公司

電話 02-8666-5711

傳真 02-8666-5833

E-mail：service@xcsbook.com.tw

印前作業　東豪印刷事業有限公司

印刷作業　福霖印刷有限公司

總 經 銷　聯合發行股份有限公司

新北市新店區寶橋路 235 巷 6 弄 6 號 2F

電話 02-2917-8022

傳真 02-2915-6275

初版一刷　2021 年 07 月